_____ 드림

불안한 노후 미리 준비하는 은퇴설계

초판 1쇄 인쇄 2015년 12월 21일
초판 1쇄 발행 2015년 12월 28일

지은이 한화생명 은퇴연구소 최성환 외

발행인 장상진
발행처 경향미디어
등록번호 제313-2002-477호
등록일자 2002년 1월 31일

주소 서울시 영등포구 양평동 2가 37-1번지 동아프라임밸리 507-508호
전화 1644-5613 | **팩스** 02) 304-5613

ⓒ 한화생명 은퇴연구소

ISBN 978-89-6518-167-5 13320

· 값은 표지에 있습니다.
· 파본은 구입하신 서점에서 바꿔드립니다.

영화 같은 노후
드라마 같은 은퇴

불안한 노후 미리 준비하는 은퇴설계

한화생명 은퇴연구소
최성환 외 지음

경향미디어

prologue

은퇴, 피할 수 없으면 즐겨라!

제가 은퇴 강의를 가보면 어두운 표정으로 혼날(?) 준비를 하고 오시는 분들이 많습니다. 노후만 생각하면 내 손에 쥔 것이 너무 보잘 것 없어 보이고, 내가 가진 경험과 건강도 내세울 것 없는 것 같아 자신감을 잃어버리게 되는 것이지요. 하지만 그럴 때마다 저는 강조합니다. "인생 뭐 있나요, 피할 수 없으면 즐기십시오!"

우리 노후는 분명 두렵고 막막하지만, 영화 〈국제시장〉에서 보듯 우리는 전쟁으로 폐허가 되었던 이 땅을 가득 채운 저력을 가지고 있습니다. 지금 여러분이 내 손에 아무것도 없다고 느끼실지 모르지만, 무일푼이던 젊은 시절과는 비교할 수 없는 지혜와 연륜을 가진 존경받는 어른이 될 자격이 있습니다.

한화생명 은퇴연구소는 2012년 설립 이래 '은퇴는 설레임'이라는 슬로건 하에 긍정적인 은퇴 문화를 확산시키기 위해 노력해왔습니다. 영화는 보는 재미가 있어야 하고 책은 읽는 재미가 있어야 하듯 노후에는 노는 재미가 있어야 합니다. 저희는 이 책에서 영화와 소설, 대중가요와 같은 우리의 삶을 그린 이야기 속에 담겨진 노후의 지혜를 찾아보고자 하였습니다. 이를 위해 딱딱한 재무 위주의 설계와 강의를 벗어나 건강과 가족, 일거리와 여가 등 즐겁고 행복한 노후를 위해 꼭 갖추어야 할 5F(Fitness, Finance, Field, Fun, Friends)를 쉽게 풀어냈습니다. 이 책이 여러분의 피할 수 없는 은퇴와 노후를 재미있는 영화 속 해피엔딩으로 이끌어주는 훌륭한 길잡이가 되리라 믿습니다.

한화생명 은퇴연구소장 최성환

contents

prologue 은퇴, 피할 수 없으면 즐겨라! / 4

1장 준비된 노후 새로운 청춘

1. 심청전으로 풀어낸 인생만사 / 14
- 살다 보면 이웃과 국가의 도움을 받을 수도
- 무리한 공양미 300석이 화를 부른다
- 이웃 주민에 대한 '사회적 경제'가 필요하다

2. 행운만 찾다가 행복을 밟지 마라 / 24
- '행운(幸運)'만 찾다가 '행복(幸福)'을 밟지 마라
- 가족이니까 그래! Family bucket list를 작성하라
- 현명한 불효 소송에 대비하라
- 아버지는 자식들의 위로가 필요하다

3. 즐거워야 인생이다, 공자도 부러워할 5자 / 31

4. 아버지로 살아온 당신의 여생, 아나꿈하라 / 36
- 기본으로 돌아가라: 지금부터라도 모으고 아끼자
- 아내와 술이든 취미든 여행이든 시간을 함께 나누자
- 꿈을 되살려 내가 좋아하는 길을 찾자

5. 현실의 창문을 뛰어 넘어 가슴 뛰는 일을 찾아라 / 41
- 자신을 가로막고 있는 한계를 뛰어넘어라
- 소중한 순간이 오면 따지지 말고 누려라
- 물러나는 은퇴(隱退)가 아닌 반짝반짝 빛나는 은퇴(銀退)를 준비하라

[스마트 은퇴스토리]
老年을 위한 은퇴설계, L·E·D 전략
- Long work: 길게 일하기
- Early start: 빠른 은퇴 준비
- Double income: 맞벌이

2장 도전하는 뉴시니어

1. **나도 꽃할배, 꽃할매처럼 살고 싶다** / 54
   - Friends: 가장 소중한 재산은 오래된 벗이다
   - Adventure&Communication: 용기와 모험을 즐기고, 부족함은 소통으로 채우자
   - Travel: 남은 인생에 여행을 선물하자

2. **100세 시대엔 흥겨운 '밀양아리랑'을 부르자** / 60
   - '아리랑'을 들으면 우리 삶이 보인다
   - 소득 수준 따라 슬프기도 흥겹기도

3. **부부의 노후, 맞벌이가 답이다** / 68
   - 부부 중심의 노후자금, 얼마나 필요할까
   - 4050 맞벌이 가구가 늘고 있다
   - 맞벌이 부부는 국민연금도 맞벌이한다

4. **대중가요 속 '노후 자화상'이 바뀌고 있다** / 75
   - 세월을 반영해 빠르게 진화하는 대중가요
   - 100세 시대, 사랑하는 방법도 바뀐다
   - 신중년, '내 나이가 어때서'

5. **'흥부전' 연금이 박씨다** / 84
   - 고령화 시대 장자상속은 정당한가?
   - 정년 전에 스펙을 쌓아라
   - 은퇴 후엔 연금만 한 것이 없다
   - 무리한 욕심은 자칫 '쪽박'으로 이어질 수 있다

6. **은퇴한 왕 '정종'의 노후는 어땠을까** / 94
   - 부부금슬은 행복한 노후의 지름길이다
   - 액티브 시니어, 적극적으로 여가를 즐겨라
   - 가족 분란 막으려면 승계와 상속은 미리 준비해야 한다

[스마트 은퇴스토리]
100세 시대 헬스 푸어 막으려면
   - 장수 시대, 건강수명을 늘려라
   - 고령자 의료비 지출을 통제하라
   - 즐거운 노후는 건강 관리부터, 치매 예방 10계명

3장 멋지게 나이 드는 법

1. 행복한 은퇴 '인생 5計' 안에 있다 / 110
- 생계(生計), 무슨 일을 하며 살아갈 것인가
- 신계(身計), 병치레에 대비하자
- 노계(老計), 경제적으로 당당하게 자립하라
- 가계(家計), 지금부터 가족과 함께하라
- 사계(死計), 어떻게 떠날 것인가

2. 어모털族이 최고다 / 116
- 나이는 숫자에 불과하다!
- 당신의 연륜은 사회의 소중한 자산이다
- 내 인생에 '밀퇴'란 없다!

3. 당신은 무엇을 채우고 무엇을 버리겠습니까? / 124
- 인생 1막 2장을 위한 나만의 버킷 리스트
- 은퇴 전후 꼭 준비해야 할 버킷 L-I-S-T

4. '乙'로 성공하는 은퇴전략 / 129
- 高수익율에 흔들리지 마라
- 잘 키운 연금 하나 세 아들 부럽지 않다
- 甲의 인생이 아닌 乙의 인생 연습이 필요하다

5. 재취업을 하려거든 7가지만 기억하라 / 134
- 노후 四苦: 재취업을 통해 해결할 수 있을까?
- 재취업 성공 7개 핵심 키워드
- 어디서 구직 정보를 얻을 것인가?

6. 관상보다 심상, 대박의 유혹에서 벗어나라 / 141
- 야심에 찬 은퇴자, 철저한 준비만이 살 길이다
- 직장 밖 네트워크를 구축하라
- 대박 유혹에 지지 않으려면 긴 안목 가져야

7. 10Up으로 준비하는 행복한 인생 2막 / 146
- 행복한 노후 '돈'이 전부가 아니다
- 자신을 대하는 자세, 건강하고 당당해져라
- 세상을 대하는 자세, 경청하고 베풀어라
- 업무를 대하는 자세, 초심으로 돌아가라
- 우리나라 시니어 인턴십 제도 어떤 것이 있나?

4장　가족과 함께하는 은퇴설계

1. '금등지사(金縢之詞)'를 쓰기 전에 귀를 열어라 / 160
   - 부모의 과욕에 자녀가 병든다
   - 듣기 좋은 소리도 자꾸 하면 잔소리
   - 법도와 예법보다 사람이 먼저다

2. 아버지의 인생에 박수를 보낸다 / 169
   - 쓰레기통에서 어떻게 장미꽃이 피었을까
   - 또 다시 자신의 꿈을 접고 가족을 위해 생사의 기로에 나서다
   - 반세기가 지나도록 자식을 위한 희생은 여전
   - 이제는 흥겨운 '굳세어라 금순아'를 부르자

3. 가족의 굴레를 벗어 던져라 / 180
   - 무거운 가장의 책임감에서 벗어나라
   - 당신의 자녀가 효자라는 믿음을 버려라
   - 마음을 여는 곳에 희망이 있다

4. 앞치마 두른 남편 무서울 게 없다 / 189
   - 인생 후반기 '부부만의 생활 기간' 증가
   - 앞치마 두르는 남편, 집 밖으로 나서는 아내
   - 노후의 충성스러운 친구 '배우자'

5. 다 큰 자녀보다 당신이 먼저 / 193
   - 2035년 가장의 평균연령 60대, 가족이 늙어간다
   - 한 지붕 세 가족이 늘고 있다
   - 캥거루족, 당신의 자녀가 노후를 위협한다
   - 노후에도 자식 뒷바라지하는 부모 세대

   [스마트 은퇴스토리]
   한국인 老後, 부모·자녀 포함 '3G설계' 필요
   - 은퇴설계 어려운 이유, 넓고 빨리 오고 부족하다
   - 노인 빈곤율 최고, 지역별 삶의 차이도 커

5장 은퇴 후 30년 노후 시나리오

1. **죽기 전 돈 다 쓰고 가려면** / 208
   - 기부가 자녀들에게 물려주는 유산
   - 은퇴하지 않는 사람이 없는 것처럼 죽지 않는 사람도 없다

2. **조선시대 왕에게 배우는 베푸는 삶** / 214
   - 세종의 출산휴가 정책과 성종의 결혼 비용 지원 정책
   - 도움을 주면 외로움이 사라진다

3. **1인 가구는 있어도 혼자 사는 세상은 없다** / 218
   - Active: 혼자일수록 적극적으로 활동하라
   - Community: 관계의 단절은 독약이다
   - Expert: 한 분야라도 전문가가 되어라
   - 언젠가 다가올 혼자를 대비하라

4. **여보 시골 가서 살자** / 227
   - 인기의 재점화, 귀농·귀촌의 열풍
   - 1인 남성 가구의 귀농·귀촌이 뜬다
   - 부부간의 충분한 대화와 협의가 필요하다
   - 귀농·귀촌으로 하는 노후자금 마련

[스마트 은퇴스토리]
성공적인 은퇴 이주에 필요한 '5C'

6장 아름다운 마무리 웰다잉

1. 아름다운 삶의 마무리, 웰다잉 / 238
- 나이가 들수록 배우자가 최고
- 웰빙을 넘어 웰다잉으로
- 웰다잉을 위해 준비해야 할 3가지

2. 풍요로운 노후의 삶, HELP하라 / 246
- 나의 노후, 요양생활일 수 있다
- 충분히 행복할 수 있는 노후

3. 자녀에게 들려주는 은퇴와 상속의 기술 / 252
- 눈물 나는 '부양계약서' 부모 사랑을 담아라
- 품 떠난 자식을 돌아오게 하는 것은 '부모의 경제력'
- 자식에게 최고의 유산은 3W 시스템
- 안전한 '부의 이전(Wealth Transfer)' 노하우

4. 5F로 후회 없는 인생을 / 257
- Fitness, 만만디 간(肝)처럼 살지 말자
- Finance, 은퇴 後 경제적 자립 필요
- Field, '이닝이터(Inning Eater)'가 필요하다
- Fun, 은퇴! 인정(認定), 열정(熱情), 긍정(肯定)으로 준비
- Friends, 결국 사람이다

5. 떠나는 모습도 아름답게 / 262
- 누구나 맞는 죽음, 진화된 종신보험으로 대비
- 번거로운 장례, 상조서비스 또는 상조보험으로 해결
- 상속 분쟁, '유언대용신탁'을 활용하라

[스마트 은퇴스토리]
축복받는 장수를 위한 3가지 조건
- 수명은 '양'보다 '질'이다
- 보장 기간과 보장 범위를 늘려라
- 장수 시대 老老상속, 3G로 극복하라

part 1

준비된 노후 새로운 청춘

01
심청전으로 풀어낸 인생만사

《심청전》은 우리나라의 대표적인 고전 소설로, 조선 시대에 쓰인 판소리계 한글 소설이다. 지은이와 정확한 창작 시기는 알려지지 않았으나 필사본, 판각본, 활자본 등 80여 종의 다양한 사본이 전해지고 있다. 태어나 7일 만에 어머니를 여의고 눈 먼 아버지를 모시다 아버지의 눈을 뜨게 하기 위해 인당수에 자기 몸을 던져 희생한 청이의 이야기로, 예부터 전해오는 효행설화를 바탕으로 하고 있다.

살다 보면 이웃과 국가의 도움을 받을 수도

　소설 속 주인공 심청의 어머니 곽씨 부인은 딸을 낳고 7일 만에 병으로 세상을 하직하지만 어진 성품이 옥황상제의 눈에 띄어 옥진 부인으로 환생해 용궁에서 딸과 재회하는 역할로 등장한다. 그녀는 양반의 자제로 현철(賢哲)하여 덕과 아름다움과 절개를 갖추었고, 제사를 받드는 법이며 살림하는 솜씨며 못하는 일 없이 다 잘하였다고 표현되고 있다. 눈 먼 남편을 대신해 곽씨 부인이 집안의 경제를 책임지는 실질적 가장인 셈이다. 그런 그녀가 갑자기 숨을 거두니 청이네는 하루아침에 생계가 막막해질 뿐이다.

　곽씨 부인은 어린 딸과 눈 먼 남편을 남기고 숨을 거두면서 다음과 같은 말을 남긴다. "저 건너 김동지 댁에 돈 열 냥을 맡겼으니 그 돈 찾아다가 나 죽은 초상에 쓰시고, 항아리에 넣은 양식 해산(解産) 쌀로 두었다가 못 먹고 죽고 가니 장사 치른 다음 양식으로 쓰시고, 귀덕 어미는 나와 친한 사람이니 내 죽은 뒤에라도 청이 안고 가 젖 좀 먹여 달라 하면 괄시는 안 하리다." 숨을 거두는 순간까지 그저 가족 걱정뿐이다. 가계를 책임지는 가장의 급작스런 사망은 남겨진 가족들의 경제적 불안으로 이어진다. 배우자는 생계를 위해 무슨 일이든 시작해야 하고 부채가 있다면 채무 의무가 전가될 것이다. 결국 노후생활 불안이 야기되고 자녀에게는 교육 기회 상실로 이어질 수 있으며, 경우에 따라서는 가족이 해체되기도 한다.

만약 청이가 현재 대한민국에 태어났다면 어떠했을까? 그녀가 열 살이 넘어서부터 바느질과 길쌈을 했지만 소득은 최저생계비 이하에 그쳤을 가능성이 크다. 우리나라 국민으로 소득이 최저생계비 이하에 해당한다면 국민기초생활보장법에 따라 보호를 받게 된다. 본 법은 '신청주의'로 본인이 직접 관할 읍·면·동 주민센터에 접수하면 소정의 소득과 재산 심사의 과정을 거쳐 생계·주거·의료·교육·자활급여 등을 지원받을 수 있다. 지난 2000년부터 시행 중인 국민기초생활보장법은 2015년 7월 도입, 14년 만에 새롭게 개정됐다. 이번 법 개정은 '부양의무자의 소득 기준 완화', '교육급여 지급 시 부양의무자 기준 폐지', '주거급여 지급 시 해당 지역 월세 수준의 반영' 등을 주요 골자로 하고 있다. 또한 기존에는 가구 소득이 최저생계비 이하인 경우 생계, 의료, 주거, 교육급여 등 모든 급여가 획일적으로 지원됐지만, 앞으로는 소득이 기준을 초과하더라도 수급자 상황에 맞춰 필요한 급여는 계속 지원하는 맞춤형 방식으로 개선된 것이다. 국민기초생활보장법으로 대표되는 공공부조제도는 오늘날 청이 가족과 같은 사회적 약자에게 최후의 사회 안전망으로 매우 중요한 역할을 담당하고 있다.

2015년 7월 국민기초생활보장제도 개편 전후 비교

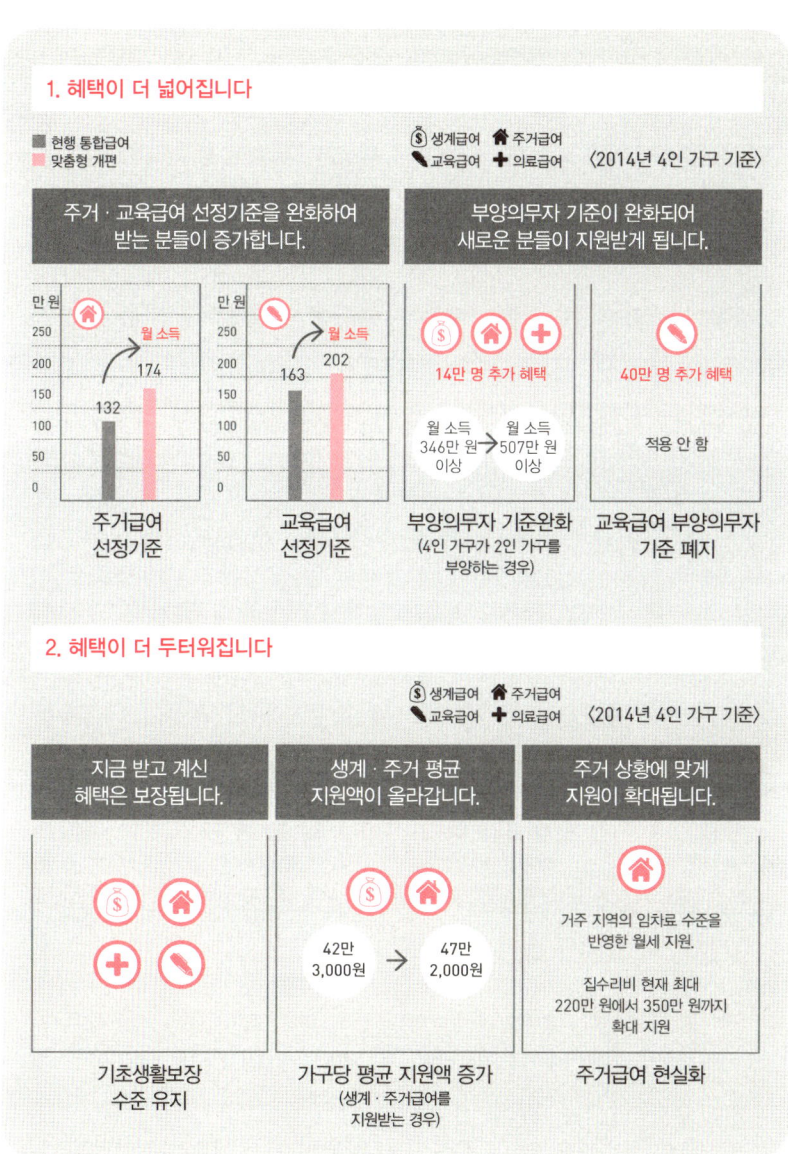

자료: 보건복지부

무리한 공양미 300석이 화를 부른다

어느 날 심봉사는 딸을 마중하러 나갔다가 개천물에 떨어져 죽을 고비를 당한다. 그때 마침 길을 지나던 몽운사 화주승이 심봉사를 건져주는데, 심봉사의 딱한 사정을 듣고 화주승은 몽운사에 공양미 300석을 시주로 올리고 지성으로 빌면 두 눈을 뜰 수 있다는 이야기를 건넨다. 이에 심학규는 공양미 300석을 시주하기로 덜컥 약조를 한다. 심학규가 지금 어떠한 처지인가? 앞 못 보는 자신을 대신해 딸자식이 동네 품을 팔아 겨우 입에 풀칠하는 처지 아닌가? 도대체 어디서 공양미 300석을 구할 수 있단 말인가?

잠깐, 여기서 궁금한 점 한 가지! 공양미 300석은 현재 가치로 하면 얼마 정도나 될까? 석(石)은 척관법(尺貫法) 단위로, 우리가 쓰는 kg으로 환산하면 1석은 144kg이 된다. 그러니 300석은 4만 3,200kg에 해당하고, 쌀 한 가마니가 80kg이니 가마니로 나누면 총 540가마니가 된다. 등급에 따라 다르지만 현재 쌀 20kg 시세가 평균 5만 원 정도이니 한 가마니는 약 20만 원 정도로 생각해볼 수 있다. 따라서 공양미 300석은 시가 약 1억 800만 원에 해당한다. 하지만 당시 쌀이 현재보다 훨씬 더 귀했기 때문에 단순 시세 비교는 어렵다.

300석의 현재 가치를 추정해보는 다른 방법도 있다. 조선조 정조 때 이긍익이 쓴 《연려실기술》이란 책에 보면, 조선조 세종 때

관리들의 녹봉, 즉 월급이 계급별로 나뉘어 기록돼 있는데 당시는 돈이 아니고 현물 곡식인 쌀, 보리, 콩이 지급되었다고 한다. 1년 녹봉으로 정1품(영의정, 좌·우의정)은 쌀 11석 2두(斗), 그리고 콩 6석을 지급받았다. 쌀 값 대비 콩 값(약 12배)을 감안해 모두 쌀로 환산하면 총 83.2석이 된다. 2014년 기준 국무총리 연봉이 1억 5,200만 원이니 이를 대입하면 300석의 현재 가치는 약 5억 4,800만 원이란 추정이 가능하다. 아무튼 금액의 정확성을 떠나 심학규 형편으로는 절대 쉽게 구할 수 없는 금액임에는 분명하다.

심봉사가 그렇게라도 눈을 뜨고 싶었던 이유는 무엇이었을까? 심청전 도입부를 보면 심학규는 처음부터 봉사는 아니었다. 대대

공양미 300석의 현재 가치는?

- 척관법(尺貫法) 단위 1석(石) = 144kg
- 300석을 kg으로 환산 = 300×144 = 43,200kg
  쌀 한 가마니 = 80kg이니 43,200kg은 540가마니(43,200/80)
- 쌀 한 가마니 80kg 시세를 20만 원이라고 할 때,
- 공양미 300석의 現 시세 추정 = 540가마니 × 20만 원 = 1억 800만 원

- 연려실기술(燃藜室記述)
- 조선조 정조 때 이긍익 저술 사서(史書)
- 조선조 세종시절 관리들의 녹봉(祿俸)에 관한 기록
  정1품(영의정, 좌·우의정): 쌀 11석, 2두, 콩 6석
  모두 쌀로 환산하면 총 쌀 83.2석
  2014년 기준 대한민국 국무총리 연봉 1억 5,200만 원
- 300석의 현재 가치(방정식)
  300석 : 83.2석 = X : 1억 5천 2백만 원
  X값 = 548,076,923
- 공양미 300석의 現 시세 추정 = 5억 4,800만 원

로 내려오며 벼슬하던 명망이 자자하던 집안 자제로 태어나 나이 스물에 눈이 먼 것으로 나온다. 그가 곽씨 부인과 결혼해 나이 사십이 되어서야 낳은 늦둥이 외동딸이 심청이인 것이다. 청이를 낳고 곽씨 부인과 나눈 이야기 속에 심봉사가 얼마나 딸을 아끼며, 남부럽지 않게 잘 기르고자 하는 바람을 갖고 있었는지 알 수 있다. 눈을 뜨고자 하는 욕심도 있었겠지만 일단 두 눈만 뜨면 아마도 불쌍한 딸 좋은 옷 해 입히고, 맛있는 음식 배불리 먹이고, 글도 가르쳐 명망 있는 양가집에 시집보내고 싶었을 것이다. 심학규에게 있어 공양미 300석은 바로 이 모든 것을 이뤄줄 수 있는 도구였던 것이다.

이웃 주민에 대한 '사회적 경제'가 필요하다

심청이 인당수에 빠져 죽자 홀로 남은 심봉사는 하나뿐인 착한 딸을 자기 눈뜨자는 욕심에 죽게 했다는 죄책감에 하루하루를 후회와 눈물로 보낸다. 게다가 몽운사 주지승 말대로 청이 목숨과 바꾼 공양미 300석을 부처님께 바쳤건만 수년이 지나도록 감긴 눈은 떠지지도 않는다. 말 그대로 딸 잃고, 쌀 잃고, 눈도 뜨지 못한 채 늙고 외로워 수발 들어줄 사람도 없으니 이제 딱 죽게 생겼다.

그런데 심봉사가 살았다는 도화동 주민들은 정말로 착하기 그

지었다. 어진 곽씨 부인을 생각하는지 효녀 심청이를 생각하는지 심봉사를 위해 마음 극진히 돕는 것으로 묘사되고 있으니 말이다. 이들은 곽씨 부인이 죽었을 때도 딱한 사정을 알고 십시일반 돈을 모아 장례를 치렀는데 《심청전》은 '비록 가난한 집 초상이라도 상여 치레는 매우 현란했다'고 묘사하고 있다. 어디 그뿐인가? 청이 어릴 적 젖동냥할 때 돌아가며 젖 먹여주고, 어린 청이가 밥 빌러 갈 때도 밥에 김치, 장까지 아끼지 않고 덜어주던 따뜻한 사람들이다. 여유롭지 못한 상황에도 남의 딱한 사정을 내 일처럼 여기고 도움에 인색함이 없는 따뜻하기 그지없는 이웃들. 이는 '지역공동체의 상호부조 기능'이 건강하게 제대로 작동하던 당시 조선의 시대상을 반영한다.

하지만 현재 우리가 살고 있는 시대는 어떠한가? 이웃사촌이란 말이 무색할 정도로 실제 앞집, 옆집에 사는 사람 얼굴도 모르고 지내는 경우가 다반사다. 보건복지부에 따르면 무연고 사망자는 2011년 682명, 2012년 719명, 2013년 878명, 2014년 1천 8명 등으로 매년 증가 추세다. 특히 이른바 '고독사 위험군'으로 분류되는 독거노인은 전국적으로 138만 명으로 추정되며, 2000년의 54.4만 명보다 2.5배나 늘었다. 통계청 장래가구추계를 보면 독거노인은 2035년에 다시 현재의 2.5배 수준인 343만 명으로 늘어날 전망이다. 한편 2014년 주민등록번호 파악이 가능한 무연고 사망자를 연령대별로 보면, 50세 미만 무연고 사망자가 187명으로 2013년 117명보다 59.8%나 증가한 것으로 나타난다. 이는 홀로 쓸쓸히 죽어가는 고독사가 65세 이상의 노인만의 문제가 아니라는 의미다. 노인뿐만 아니라 사회안전망에서 벗어난 사람들에 대한 관심과 정책적인 대안이 필요한 시점이다.

독거노인 증가 추이

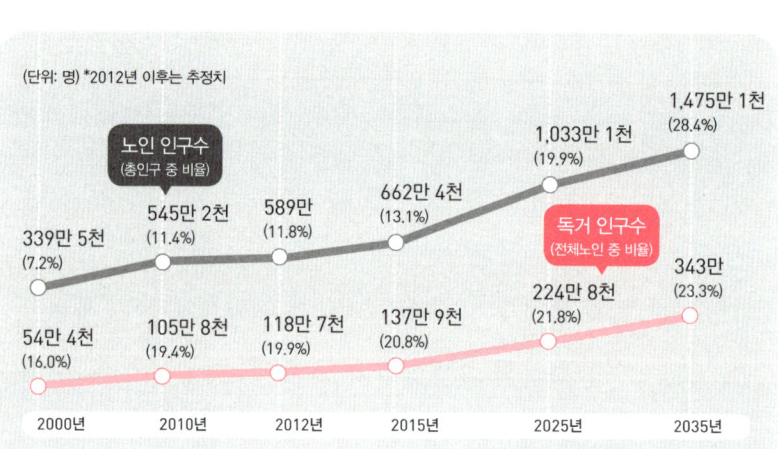

자료: 보건복지부, 한겨레 신문(2012.6.24)

최근에는 이웃이 어려움에 처하면 상호부조의 원리에 따라 서로 돕는 지역공동체 의식을 강조한 사회적 경제가 새로운 대안으로 주목받고 있다. '사람 중심의 지역 상호부조', '자치자립' 등 가치 공유의 트렌드가 반영되고 있는 것이다. 각박한 현재 대한민국을 살아가는 우리들은 도화동 사람들을 이웃으로 둔 청이네가

사뭇 부러워진다.

　심봉사는 나이 들어 두 눈을 뜨게 될 뿐만 아니라 죽은 줄로만 알았던 딸과 재회했으니 남부러울 것 없이 누구보다 행복했을 것이다. 게다가 그는 맹인잔치에 참석하러 황성에 들어설 때 낙수교에서 만났던 스물다섯 맹인 처녀 안씨에게 나이 칠십에 늦장가 드는 노익장을 과시하기도 한다.

　《심청전》은 주인공 심청이 용궁에서 옥황상제를 만나 꽃봉오리에 실려 황궁으로 인도돼 황제와 혼인한다는 다소 비현실적인 판타지적 결말과 결혼을 통한 신분 상승이라는 한계를 보이기도 하지만 아버지의 눈을 뜨게 하기 위해 인당수에 몸을 던져 자신을 희생하는 모습에서는 그 어떤 이야기보다 부모에 대한 효(孝)라는 주제를 극적으로 전달하고 있다. 고을마다 효자, 효녀비를 세워 효행을 장려하던 우리 선조들의 의식이 나날이 희석되고 있는 오늘날,《심청전》은 부모 모시기를 부담스러워하는 우리들에게 새삼스럽게 다가온다.

02
행운만 찾다가 행복을 밟지 마라

최고 시청률 40%를 웃돌았던 KBS 국민 주말드라마 〈가족끼리 왜 이래〉는 자식들만 바라보며 살아온 자식바보인 아버지가 이기적인 자식들을 개조하기 위해 고육지책으로 진행한 불효 소송을 중심으로 전개되는 휴먼 가족 드라마다. 아버지와 가장이라는 이름으로 평생을 가족과 자식의 행복을 위해 살아오신 이 시대의 아버지. 드라마를 통해 아버지로 살아가는 현대인에게 도움이 될 만한 지혜로운 '아버지 인생 키워드'를 살펴보자.

'행운(幸運)'만 찾다가 '행복(幸福)'을 밟지 마라

〈가족끼리 왜 이래〉에서 차순봉은 이 시대를 살아가는 나의 아버지이고 가족이다. 드라마는 일찍 아내와 사별하고 홀로 3남매를 키워온 헌신적이고 자상한 아버지 차순봉과 바쁘다는 이유로 어머니의 제사에도 함께하지 못하고 돈에 치여 살거나, 심지어는 가족을 뒤로 하고 신분 상승을 꾀하는 현실적인 자녀 3남매의 삶을 보여주고 있다. 그러나 차순봉이 갑작스런 위암 말기 3개월 시한부 인생을 살면서 자식들에게 가족의 소중함을 깨우치려는 아버지의 속마음을 담은 이야기다.

차순봉 역할을 맡았던 배우 유동근 씨는 2014년 KBS 연기대상 수상 기념 인터뷰에서 "이 드라마를 통해 내가 무엇을 잘못하고 살았는지 생각해봤다. 아버지, 어머니에게 너무 죄송하다. 그렇지만 제가 대상을 받았습니다. 지난날의 저를 용서해주시고 우리 아이들 잘 될 수 있도록 도와주세요."라고 소감을 밝혔다. 부모님에게는 자식으로서 삶을 반성하고 아버지로서는 자식을 향한 소망을 솔직한 심정으로 표현한 것이다.

누구나 한두 번쯤 공원에서 네 잎 클로버를 찾기 위해 헤맸던 기억이 있을 것이다. 네 잎 클로버의 뜻은 '행운'이다. 그 유래는 나폴레옹이 네 잎 클로버를 보려고 고개를 숙이는 순간 총알이 빗겨가서 목숨을 건졌기 때문이라는데, 아마 죽음을 비켜갈 만큼 행운을 가져다준다는 의미일 것이다. 그럼 흔한 세 잎 클로버는 무엇을 뜻할까? 세 잎 클로버의 꽃말은 '행복'이라고 한다. 〈가족끼리 왜 이래〉에서 3남매는 명예, 신분 상승, 돈과 같은 수많은 네 잎 클로버(행운)를 찾아 헤매다 정작 '가족'이라는 세 잎 클로버(행복)를 밟고 그냥 지나쳐 버린 것은 아닐까?

가족이니까 그래!
Family bucket list를 작성하라

버킷 리스트(bucket list)란 죽기 전에 꼭 해보고 싶은 일과 보고 싶은 것들을 적은 목록을 가리킨다. '죽다'라는 뜻으로 쓰이는 속어인 '킥 더 버킷(kick the bucket)'으로부터 만들어진 말이기도 하다. 중세 시대에는 교수형을 집행하거나 자살을 할 때 올가미를 목에 두른 뒤 뒤집어 놓은 양동이(bucket)에 올라간 다음 양동이를 걷어참으로써 목을 맸는데, 이로부터 '킥 더 버킷(kick the bucket)'이라는 말이 유래하였다고 전해진다.

드라마에서 아버지 차순봉은 3개월 시한부 선고를 받지만 수술 대신 조용히 가족과 함께 보내기를 원한다. 3개월 동안 자신이 3남매와 하고 싶은 버킷 리스트를 작성하는데 그 내용이 참으로 소박하다.

1. 3개월 동안 가족이 아침에 함께 모여 식사하기
2. 하루에 한 번씩 자식들이 자신에게 전화를 해 안부 묻기
3. 노처녀 큰딸 3개월간 맞선 10번 보고 시집보내기
4. 직장을 잡지 못하고 떠도는 막내로부터 용돈 100만 원씩 받기
5. 처가에 살고 있는 아들 내외랑 3개월 동안 함께 살기

이처럼 매년 새해 작심삼일로 끝나기 쉬운 거창한 계획보다 소박한 3개월짜리 버킷 리스트를 작성해보면 어떨까? 가족이 함께할 수 있으면 더욱 좋다. 바쁜 일상이지만 가족들과 저녁 식사를 함께하는 것을 계획해보자. 부모님에게 안부전화를 자주 해보자. 큰돈 아니지만 부모님에게 매월 용돈을 드려보자. 배우자, 자녀와 더 많이 대화하는 계획을 세워보자. "가족끼리 왜 이래?"가 아닌 "가족이니까 그래!"라고 할 수 있는 family bucket list가 될 것이다.

현명한 불효 소송에 대비하라

드라마에서 3남매는 차순봉이 30년 동안 운영해온 두부가게를 미리 증여받고 그곳에 건물을 지어 아버지에게 편안한 노후생활을 할 것을 권유하면서 갈등이 불거진다. 평생 자식을 위해 살

아온 아버지는 자신밖에 모르고 살아온 자녀를 상대로 불효 소송을 제기하게 되지만 실제 법률적 용어로 불효 소송이라는 말은 없다. 엄격히 따지면 이는 '조건부증여'에 있어서 조건을 성취하지 못해서 반환청구 소송을 하는 것과 같다. 요즘 이런 불효 소송이 증가하고 있는데 전국 법원의 부양료 지급 청구 소송 추이는 2002년 98건에서 2013년 250건으로 2.5배 증가했다. 고령화가 빠르게 진행되고 老老상속(노인이 사망하면 노인이 가지고 있던 재산을 젊은이가 아닌 '노인자식'에게 물려준다는 말)이 일반화되면서 늙은 부모가 부양을 조건으로 자식에게 사전에 유산을 물려주는 경우가 많다. 그런데 자식들이 유산만 받고 부양하지 않는 경우가 생겨 부모가 유산을 돌려받고자 하는 소송이 늘어나고 있다는 것이다.

드라마에서 차순봉은 불효 소송을 제기한 이유를 판사 앞에서 다음과 같이 고백한다. "저는 삶을 살면서 자식들에게 한 번도 회초리를 든 적이 없습니다. 그저 잘 되어라, 잘 되어라 가르쳤지 인생에 대해 감사하는 법을 가르치지 못했습니다. 해서 못난 아버지가 뒤늦게나마 깨우치고 자식들에게 회초리를 들까 하는데 자식들의 머리는 너무 굵었고 저는 너무 초라하여 손에 힘이 없습니다. 그래서 법으로 그 회초리에 힘을 좀 실어주십시오. 제 인생의 마지막 회초리입니다." 아버지의 자식 사랑에 대한 깊은 속내가 드러나는 고백이다. 이처럼 불효 소송에 대비하기 위해서는 사전에 유산을 증여하는 경우 단순증여가 아니라 의무가 부가되는 '부담부증여'라는 점이 법률상 명확히 입증되어야 하기 때문에 부모 자식 간이라 할지라도 명시적인 '부양의무계약서'를 작성해두는 것이 좋다.

아버지는 자식들의 위로가 필요하다

이 세상의 부모 마음 다 같은 마음/아들딸이 잘 되라고 행복하라고/마음으로 빌어주는 차순봉인데/가족끼리 왜 이래라 욕하지 마라/나에게도 아직까지 청춘은 있다/원더풀 원더풀 아빠의 청춘/Bravo(Bravo) Bravo(Bravo)/아빠의 인생

가수 오기택 씨의 '아빠의 청춘'이라는 노래를 작중의 인물명을 넣어 개사했다. 평생을 자식 뒷바라지에 몸이 상하는 줄도 모르고 자식바보로 살아가는 아버지가 어찌 드라마에서의 차순봉뿐일까? 차순봉은 나의 아버지이고 이 시대를 살아가는 모든 이의 아버지다. 아버지의 청춘은 우리 자식들이 먹고 자라는 데 거름이 되어버렸다. 어쩌면 우리의 아버지들은 어느새 굽어버린 허리와 어깨에 누군가의 토닥임을 받고 싶어 할지 모른다. 드라마에서 미스 고가 암과 싸우면서도 가족과 자식들을 염려하는 아버지 차순봉의 쓸쓸한 심정을 누구보다 이해하며 살뜰히 어루만져

> **tip**
> - 지금 당장 실천 가능한 소박한 가족 버킷 리스트를 작성해보자.

준 것처럼 지금 우리 아버지들은 위로가 필요하다. 오늘 "아버지! 고맙습니다. 그리고 사랑합니다."라고 전화 한 통 드려보자. 아버지는 자식들의 목소리를 듣고 허리와 어깨를 편다.

즐거워야 인생이다, 공자도 부러워할 5자

"노세 노세 젊어서 놀아, 늙어지면 못 노나니. 화무(花無)는 십일홍(十日紅)이요, 달도 차면 기우나니라. 얼씨구 절씨구 차차차~ 지화자 좋구나 차차차~"

필자가 가장 좋아하는 노래 '노래가락 차차차'의 1절 중 일부다. 시들지 않는 꽃이 없는 것처럼 달은 보름이 되자마자 기울기 시작한다. 꽃 피는 봄날, 만물이 소생하는 젊은 지금 마음껏 놀지 않으면 언제 놀겠느냐? 놀자, 놀자, 한 살이라도 젊을 때 놀자. 참

맞는 말이 아닌가?

  한 대학 동창회의 초청을 받아 강의를 갔더니 평균연령이 70세가 넘어 보였다. 최연장자로 소개받은 103세 되신 분도 앞자리에 꼿꼿하게 앉아 계셨다. 그래서 초반에 냅다 '노래가락 차차차'를 다 같이 부르자고 청했다. 처음엔 "야 인마, 너나 젊었지. 우린 나이 먹을 만큼 먹었거든!" 하는 뜨악한 표정이었다. 그래서 "여러 선배님들이나 저나 오늘이 가장 젊습니다." 하면서 어느 라디오에서 들은 이야기를 했다. "여행은 가슴 떨릴 때 하는 일이지 다리 떨릴 때 하는 일이 아닙니다." 청취자가 보내준 메시지라면서 MC가 읽어주는데 무릎을 치면서 감탄했던 기억이 났기 때문이었다.

  이후 이런저런 이야기로 이어가다가 끝내기 전에 다시 한 번 '노래가락 차차차'를 부르기로 했다. 이번엔 박수를 크게 치면서 목청껏 불러보자고 했다. 여럿이서 부르기에 딱 어울리는 '노래가락 차차차'가 아닌가? 결과가 어땠을까? 마지막 후렴구인 '차차차~'가 끝도 없이 이어질 정도로 흥겨운 자리가 되었다. 오랜만에 마음껏 박수를 치면서 신명나는 노래를 불렀다면서 젊은 사람이 어떻게 그렇게 강의도 잘하고 노래도 잘하냐는 칭찬을 수도 없이 받았다.

  필자를 자화자찬하려는 것이 결코 아니다. 우리말은 끝까지 들어봐야 한다고 하지 않는가? 나이에 상관없이 노는 즐거움은 크다는 말이다. "아니, 그런데 우리가 놀아봤어야 놀지. 평생 먹고 살려고 아등바등하다가 아이들 치우고 손주 봐주니까 이 나이가 된 거예요. 소장님은 좋으시겠어요!" 연세가 좀 있는 분들을 대상으로 은퇴 교육을 하고 나서도 "아니, 그래 이 좋은 강의를 은퇴하기 전에 들었어야 하는 건데, 우리 때는 은퇴 교육이란 말도 없었어요." 하면서 안타까워하는 말을 가장 많이 듣는다.

여기서 질문 하나, 동양의 5현(賢) 또는 5자(子)라고 할 수 있는 공자·맹자·순자·노자·장자의 영원한 스승은? 정답은 '놀자'이다. 필자는 나이 든 사람, 가진 사람, 윗사람들이 존경과 대우를 받으려면 먼저 3가지 자, 3자를 잘해야 한다고 주장한다. 바로 '놀자, 쓰자, 주자(베풀자)'이다. 잘 놀고 잘 쓰고 잘 베푸는 사람을 싫어하는 사람, 싫어하는 가족과 사회는 없다. 여기에다 잘 웃고 잘 걷는 사람이 되면 공자(孔子)를 포함한 동양의 5자도 부러워할 5자, 즉 '놀자, 쓰자, 주자, 웃자, 걷자'가 되는 것이다. 잘 놀고 잘 쓰고 잘 주고(베풀고) 잘 웃고 잘 걷는 사람을 누가 싫어하고 욕하겠는가?

그중에서도 잘 놀거나 잘 놀기 위해 노력한다면 나머지 4자(쓰자, 주자, 웃자, 걷자)는 저절로 따라올 것이다. 잘 놀기 위해서는 잘 써야 하고 잘 베풀어야 하고 잘 웃어야 하고 잘 걸어야 하기 때문이다. 잘 쓰지도 베풀지도 웃지도 걷지도 못하는 사람과 누가 놀려고 하겠는가? 더욱이 노는 것은 혼자 놀기보다는 여럿이 함께 어울려 노는 재미가 훨씬 더 크다. 배우자를 포함한 가족과 친척, 친구들과 놀아야 더 잘 놀 수 있는 것이다.

그런데 그간 놀아보지 않은 사람이 어느 날 갑자기 잘 놀 수는 없다. 일만 하느라고 수십 년 동안 놀아보지 않은 사람이 갑자기 시간과 돈이 생긴다고 잘 놀 수 있을까? 오죽하면 '놀아본 놈이 잘 논다'는 말이 나왔을까. 사실 좀 놀아본 놈은 잘 노는 게 쉽지 않다는 걸 누구보다 잘 안다. 그간 잘 놀기 위해서 시간과 돈, 에너지를 엄청 퍼부었기 때문이다. '뛰는 놈 위에 나는 놈이 있고, 나는 놈 위에 노는 놈 있고, 노는 놈 위에 즐기는 놈 있다'는 말도 그냥 나오지는 않았을 것이다.

아주 없으면 안 되지만 부족하면 부족한 대로 사는 것이 인생이다. 더욱이 나이 들어 어떻게 해볼 수 없는 상황에서 뭔가 해야겠다고 무리하면 스트레스만 쌓일 것이다. '피할 수 없으면 즐겨라'라는 말이 있다. 은퇴와 노후 또한 피할 수 없으므로 즐겨야 하는 것이다. 그래서 그런지 은퇴를 의미하는 영어 단어 'retire'는 뒤로 물러나 숨는 것(隱退)이 아니라 말 그대로 타이어를 새로 갈아 끼우는 것(re-tire), 즉 새로운 시작을 뜻한다. 은퇴라는 새로운 시작을 우리 스스로 즐기지 않으면 누가 즐기겠는가?

이제부터라도 은퇴 또는 노후에 대한 지나친 걱정이나 염려 대신 놀고 쓰고 베풀고 웃고 걷는 연습을 해보자. 돈이 아주 많아 흥청망청 놀고 쓰고 베풀 수 있는 게 아니라면 연습이 필요하기 때문이다. 스포츠와 엔터테인먼트만 끊임없이 연습을 해야 좋은 성적을 거둘 수 있는 것이 아니다. 우리의 인생도 은퇴도 노후도 모두 연습에 연습을 거듭하다 연습으로 끝나는 게임이다. 또한 장기적으로 좋은 연습은 좋은 성적을 가져오기 마련이다.

두 번째 질문, 인생에 필요한 세 가지 금은? '황금, 소금, 지금' 이다. 이 셋 중에서도 지금이 제일 중요하다고 한다. 은퇴 후를 기다리지 말고 지금부터 놀고 쓰고 베풀어야 하는 것이다. 동시에 웃고 걸어야 5자도 부러워할 5자를 갖추게 되는 것이다. 지금 잘 놀고 잘 쓰고 잘 베풀고 잘 웃고 잘 걸어야 지금은 물론 은퇴 후도 즐거울 수 있는 법이다.

마지막으로 오늘 이런 연습을 한 번 해보자. 온 가족이 함께 모여 조촐한 식사를 하면서 술 한 잔 앞에 놓고 서로를 향해 외치자. "소취하 당취평!" 소주에 취하니 하루가 즐겁고, 당신에 취하니 평생이 즐겁다. 그게 소주든 막걸리든 와인이든 무슨 상관이랴. 가족의 웃음과 박수 속에 하루가 즐거울 것이다. 즐거운 오늘 하루가 즐거운 내일과 미래를 만들어줄 것이다. 즐거워야 인생이다.

아버지로 살아온
당신의 여생,
아나꿈하라

"아버지의 밥상에서 그 흔한 계란 프라이가 사라지면서부터 우리나라 가장의 위기는 시작되었다!"

우연히 한 강연에서 듣고서 절로 고개가 끄덕여졌다. 반평생 이상을 매일같이 치열한 전쟁 속에서 살아온 우리의 아버지들. 직장에서는 생존경쟁에, 가정에서는 존재감 상실에 시달리며 서러운 삶에 힘들다는 말 한 번 뱉기 어려운 불쌍한 사람이 대한민국의 가장들이며, 아버지가 아닌가. 이러한 시대상을 반영하듯 요즘 드라마에서는 특히 소외된 아버지를 중심으로 그들의 애환과 고뇌를 조명하는 장면들을 어렵지 않게 볼 수 있다.

KBS 드라마 〈내 딸 서영이〉에는 각기 다른 인생의 파도를 넘나드는 세 남자의 애잔한 이야기가 펼쳐진다. 이들을 통해 가장이라는 이름 뒤에 가려진 우리 아버지들의 현실을 되돌아보고, 진정으로 행복한 노후 준비에 필요한 은퇴 키워드를 살펴보자.

기본으로 돌아가라: 지금부터라도 모으고 아끼자

이삼재(천호진 분). 조기 실직과 빚보증, 도박으로 가정경제를 파탄 냈고, 이로 인해 아내를 잃고 자식에게도 외면당했다. 하지만 인생을 후회하며 자식들에게 무한한 사랑을 주는, 가진 것 없는 평범한 아버지다.

맞벌이가 대세인 요즘 세대와는 다르겠지만 가정경제를 홀로 책임지며 밤낮으로 처자식을 위해 앞만 보고 달려온 아버지들. 이들에게 은퇴 준비란 어쩌면 달나라 얘기나 다름없이 들릴 것이다. 모아 놓은 것, 준비한 것이 없는데 당연한 일 아닌가.

하지만 달나라도 결국 인간의 도전을 허락했듯이 은퇴 준비도 작은 것부터 치밀하게 준비하고 실행에 옮기면 가능하다. 따뜻한 노후를 위해서는 우선 모아야 산다. 그것이 예금이든, 연금이

든, 펀드든 상관없다. 과거와 같이 두 자릿수 금리를 기대하거나 한순간의 일확천금을 꿈꾸어서는 안 된다. 그러면서도 가능한 한 아끼고 줄여야 산다. 잘못된 소비 습관을 하나씩 고쳐보자. 그러면 가능하다.

은퇴 준비의 기본은 '지금 당장 시작하는 것'과 '티끌 모아 저축'이다. 일본식 저성장 메가트렌드를 따라가는 장기불황의 위기 속에 이제 개인의 은퇴 준비는 초심으로 돌아가 기본부터 충실하게 시작해야 한다.

아내와 술이든 취미든 여행이든 시간을 함께 나누자

강기범(최정우 분). 일에서의 성공이 가정에서의 성공이라 믿으며, 스스로 가정을 도외시하며 살아온 남자지존의 대표다. 영국의 한 언론 발표에 의하면 죽기 전에 가장 후회하는 것 중 하나가 '일을 너무 열심히 했다'는 것이었다. 이는 아내 또는 자식과 함께한 시간이 너무 적었다는 말이다.

물론 직장생활에서의 고단함과 스트레스라든지, 성공에 대한 강한 압박을 이해 못하는 바 아니다. 하지만 한 살이라도 젊을 때 아내를 위해 무엇이든 노력해야 한다. 뒤늦게 후회해봐야 냉랭한 부부 관계는 회복하기 어렵고, 실행하기는 더욱 힘들어진다. 오죽

하면 식당에서 밥상만 쳐다보고 말없이 먹는 중년 커플은 반드시 우리나라 부부라고 하겠는가.

남자로서의 자존심을 버리라는 얘기가 절대 아니다. 친한 동창이나 친구를 만날 때처럼 스스럼없이 대화하고 즐기며 아껴주자. 아내하고 마주하는 조촐한 술자리도 좋고, 같은 취미를 나누어도 좋다. 또한 주기적으로 여행이나 운동을 함께할 수 있다면 아내의 얼굴에서 남편에 대한 사랑의 미소가 번질 것이다. 아내와 친구가 되어보자. 아내는 노후의 가장 든든하고 막역한 벗이다.

꿈을 되살려 내가 좋아하는 길을 찾자

최민석(홍요섭 분). 절반은 성공한 인생이지만 직장과 가정에서 소외된 후 자신의 끼와 배우의 꿈을 찾아 제2의 인생에 도전하는 자유영혼의 아버지다.

얼마 전 한 조사에서 스스로를 중산층이라고 생각하는 한국인은 10명 중 2명도 채 되지 않는다는 결과가 나왔다. 많은 이들이 그토록 바라는 인생의 소박한 꿈, 그것이 중산층이다. 빚 없는 30평 이상의 아파트와 500만 원 이상의 월급, 중형차와 예금 잔고 1억 원 등이 우리가 꿈꾸는 중산층의 현주소다. 자신에게 떳떳하며, 사회적인 약자를 도와야 한다든지 외국어와 스포츠, 악기 하나 정도는 즐기면서 봉사하며 살아야 중산층이라고 말하는 다른 나라와는 달라도 너무 다르다.

가장 활동적인 사람은 꿈을 좇는 사람이라고 한다. 어린 시절부터 가졌던 끼와 꿈을 되살리면 재미도 찾고, 열정도 찾고, 젊은 노후를 만들 수 있다. 지금의 50~60대는 과거와 달리 신체적, 외양적 젊음을 잘 유지하고 있다. 다양한 문화적 경험을 했고, 자기계발과 자아실현 욕구가 강한 뉴시니어 세대다. 따라서 가장 하고 싶은 것이 무엇인지를 스스로 찾아야 한다. 그것이 운동이나 레저라면 육체적 건강을, 예술이나 취미라면 정신적 건강을 가져다준다. 나아가 그 재능을 사회에 기부할 수도 있고, 스펙이 되어 노후를 살아가는 큰 무기로서 경제적 안정에 도움이 될 수도 있다.

지금 힘들다고 움츠리고 위축되기보다 냉철하게 자신의 미래를 새롭게 디자인해보자. 내게 맞는 인생 후반의 길을 분명 찾을 수 있다. 내가 가장 잘할 수 있는 게 무엇인지는 다른 사람이 아니라 나만이 알고 있다. 고령화 쓰나미 속에 50~60대의 인구 비중이 나머지 세대를 앞지르기 시작했다. 산업화와 경제대국의 주역인 아버지들이 힘차게 일어나야 대한민국의 미래도 건강하다. 다시금 아버지 밥상에 큼지막한 계란 프라이 한 개 얹어보는 건 어떨까?

현실의 창문을
뛰어 넘어
가슴 뛰는 일을 찾아라

《창문 넘어 도망친 100세 노인》은 2009년 소설로 발간됐고, 2013년에는 동일한 제목의 영화로 제작됐다. 연극 같은 인생이라고 하지만 여기에 등장하는 주인공만큼 파란만장한 삶이 또 있을까. 이 소설은 주인공 알란 할아버지의 현재와 과거 어릴 적 삶, 두 가지 시대를 넘나드는 구성이다.

주인공 알란은 100번째 생일날 양로원에서의 파티를 준비하고 있었지만 1시간 전에 1층 창문을 넘어 도망쳐 버린다. 계획 없이 도망쳐 나온 알란이 가진 돈은 달랑 동전 몇 개. 그는 시골 버스 정류장에서 가지고 있는 전 재산만큼 갈 수 있는 버스를 탄다. 이렇게 100세 노인 알란의 모험은 시작된다.

필자는 처음 책을 접하면서 '왜 100세 생일에 주인공이 창문을 넘어 도망치게 된 것일까? 치매일까? 양로원에서 학대를 받은 걸까? 말 못할 사연이 있는 걸까?'라는 궁금증을 품었다. 그러나 책을 한 줄 한 줄 읽어 내려가자 창문 넘어 도망친 알란의 인생에 담긴 가치와 인생설계의 키워드를 찾을 수 있었다.

이 소설은 등장하는 인물 간 벌어지는 이야기로 볼 때 코미디에 가깝다고 할 수 있다. 어릴 적부터 폭탄에만 관심이 있고 다른 것에는 전혀 관심이 없었던 알란. 그리고 버려진 폐역에 살면서 건망증 때문에 사람을 얼려 죽이고 큰돈을 위해 알란과 동행하게 되는 '율리우스', 하고 싶은 것, 알고 싶은 것이 많아 전공만 수십 번 바꾼 척척박사 '베니', 친절하게 나그네들에게 잠자리를 빌려주며 코끼리를 키우는 마음씨 착한 '구닐라'. 이 네 사람이 일으키는 요절복통 이야기가 이어진다.

특히 알란은 역사적 인물인 아인슈타인, 히틀러, 스탈린, 트루먼, 김일성, 마오쩌둥 등의 삶에 끼어들면서 세계 역사의 흐름을 바꿔놓는 주인공으로 활약한다. 그러나 알란의 긍정적이고 낙천적인 사고 덕분인지 스토리는 담담하게 전개된다. 이런 알란의 성향은 어머니의 마지막 유언에서 비롯됐다. 알란은 어머니가 돌아가실 때쯤 '세상만사는 그 자체일 뿐이고 앞으로도 무슨 일이 일어나든 그 자체일 뿐'이라는 유언을 듣는다. 이 말은 알란의 인생관이 되고, 모든 것을 낙관적으로 보고 굴곡 있는 삶에 현명하게 대처하며 살 수 있는 요인으로 작용한다.

자신을 가로막고 있는 한계를 뛰어넘어라

알란은 부모를 일찍 여의고, 학교를 다닌 건 고작 3년뿐이었고 폭탄 폭발을 비롯해 크고 작은 사건으로 정신병원에서 생체실험 등 고통을 당하기도 했다. 그럼에도 불구하고 그는 세계 역사 속에 한 획을 긋는 인물들과 인맥을 유지하며 자신의 분야에서 다른 사람에게 영향을 줄 수 있는 열정적인 삶을 산다.

어떤 일을 함에 있어 '늦깎이'란 존재하지 않는다. 인생은 속도가 아니라 방향이다. '무슨 일이 내 심장을 뛰게 하는지, 마지막 남은 인생에 에너지를 쏟고 싶은 일이 무엇인지' 알란처럼 곰곰이 생각해봐야 한다.

알란은 늘 웃고 꿈꾸며 삶을 즐겼다. 하지만 그의 삶은 그렇게 평범하지 않은 굴곡 있는 인생이었다. 알란이 살아온 1905년부터 2005년은 전쟁과 냉전, 냉전의 종결로 이어지는 시대다. 이 시기에 알란은 늘 누군가로부터 쫓기고 붙잡히기를 반복했다. 그래서 지금 알란은 100세 자신의 생일에 양로원에서 탈출해 본의 아니게 갱단과 형사에게 쫓기고 있어도 늘 여유만만이다. 그게 아마 자신의 삶의 연속이라고 생각했기 때문이었을까, 아니면 오히려 그런 역동적인 삶을 찾아 답답하고 지루한 양로원을 벗어나 또 다른 모험을 감행했던 것은 아닐까.

이처럼 살다 보면 지루하고 반복되는 내 삶에서 창문을 넘어 어디론가 훌쩍 떠나고 싶다는 생각을 할 때가 종종 있다. 그러나 대부분의 사람은 현실적인 이유를 둘러대며 자신의 꿈을 제한하고 실행에 옮기지 못한다. 하지만 소설 속 알란은 용감하게 창문을 넘어 새 인생을 찾아 더 넓은 세상으로 향했다. 무릎의 통증을 느끼는 노인이 슬리퍼를 끌고 겨우 650크로나(약 9만 원)의 돈이 든 지갑만을 든 채 양로원을 탈출한 것이다. 현실적인 한계를 극복하면서 말이다.

소중한 순간이 오면 따지지 말고 누려라

인생을 살아가는 방식에는 정답이 있을 수 없다. 100세 노인 알란이 답답하고 지루한 양로원이 아니라 눈부신 태양이 비치는 발리의 해변에 마지막으로 머무를 수 있었던 이유는 무엇일까. 알란이 창문을 넘지 않았다면 과연 가능했을까? 지금 우리를 가로막고 있는 창문은 무엇일까? 훌쩍 뛰어넘을지, 여전히 현실적인 문제와 한계 때문에 창틀을 부여잡고 고민하고 있을지는 결국 우리 각자의 몫이다.

'꽃보다 할배'가 아닌 '폭탄 든 할배'가 어울릴 정도로 알란의 삶은 파란만장했다. 주인공 알란은 10대 시절에 폭탄 제조의 달인으로 남다른 능력을 보유하게 됐고, 20대에는 폭탄 실험 중 실수로 이웃 식료품 가게 주인을 죽게 만들어 위험인물로 분류, 정신병원에 수감됐다. 30대에 스페인 내전 참전, 40대에 미국 원자폭탄 프로젝트에 참여해 우연히 제2차 세계대전을 종결시키고, 50대에는 미국 중앙정보국(CIA) 요원으로 발탁돼 미국과 러시아의 이중 스파이로 활약하게 된다. 이처럼 그의 긴 삶은 아픔과 불행, 고난으로 얼룩져 있다고 볼 수 있다. 이런 모진 풍파는 노년에 양로원에서 나와 쫓기는 삶으로도 이어진다. 하지만 그 와중에도 알란은 웃고 꿈꾸며 자신의 삶을 즐길 줄 아는 노인이었다.

알란은 어려서부터 제대로 된 부모의 사랑을 받지 못했고 또한 누군가를 사랑할 수도 없는 인생이었다. 평생 남 좋은 일만 하고 자신을 위해 평생을 살 수 없었던 알란은 마지막에 인도네시아 발리의 해변에서 굴곡 많은 자신의 삶을 돌아보며 아쉬움을 표현한다.

2015년 영국 일간지 〈가디언〉이 발표한 '죽을 때 후회하는 5가지'를 보면 다음과 같다. '내 뜻대로 살걸, 일 좀 덜 할걸, 화 좀 더

낼걸, 친구들 챙길걸, 도전하며 살걸'이다. 베니가 알란에게 발리 해변에서 한 조언 "소중한 순간이 오면 따지지 말고 누려라."와 그 뜻이 일맥상통한다. 삶을 살 때는 움직일 수 있을 때 생각만 하지 말고 행동하는 게 중요하다는 것이다. 이것이 바로 《창문 넘어 도망친 100세 노인》이 전하는 핵심 메시지다.

물러나는 은퇴(隱退)가 아닌
반짝반짝 빛나는 은퇴(銀退)를 준비하라

행정자치부에 따르면 2015년 기준 우리나라 현재 인구는 5,143만 명을 넘었다. 이 중 100세 이상 인구는 1만 5천 명을 넘어섰는데, 이 중 여성이 1만 1,940명이고 남성이 3,600명이다.

인생 100세 시대를 살면서 우리 인생을 하루 24시에 비유하면 우리 나이는 현재 몇 시에 해당될까? 100세를 기준으로 4등분해 나이를 적어보고 그 옆에 시간을 적어보자. 100세가 24시간이라면 25세는 아침 6시, 50세는 낮 12시, 그럼 75세는 저녁 9시쯤 되지 않을까? 하지만 실제로 계산해보면 24시간 기준 18시(오후 6시)밖에 되지 않는다. 서울시 복지재단에 따르면 주된 직장에서 남성의 평균 은퇴연령은 54.6세, 여성은 49.7세, 남녀평균 52.6세로 점점 은퇴 시기가 빨라지고 있다. 하지만 여전히 남성은 다른 직장을 찾아 72.2세까지 일하는 것으로 조사됐다. 50대 초·중반에 주(主) 직장에서 은퇴해도 70세 전후까지 어떤 형태로든 근로활동을 지속하고 있다는 것이다. 때문에 은퇴를 앞둔 50~64세의 준고령자가 이제 내 인생의 황금기는 지났다는 생각을 한다면 바꿀 필요가 있다. 왜냐하면 인생 50~64세는 점심을 먹고 한창 바쁘게 일할 시간이기 때문이다. 소설 속 주인공 알란은 젊은 시절 폭탄 제조 전문가로서의 일을 했지만 50대 이후에는 그간 쌓은 많은 인맥 덕분에 CIA 지국장에게 정보원 제의를 받고 일을 하게 된다.

은퇴는 새로운 시작을 의미하므로 뒤로 물러나서 숨는 은퇴(隱退)가 아닌 물러나서도 반짝반짝 빛나는 은퇴(銀退)를 위한 준비

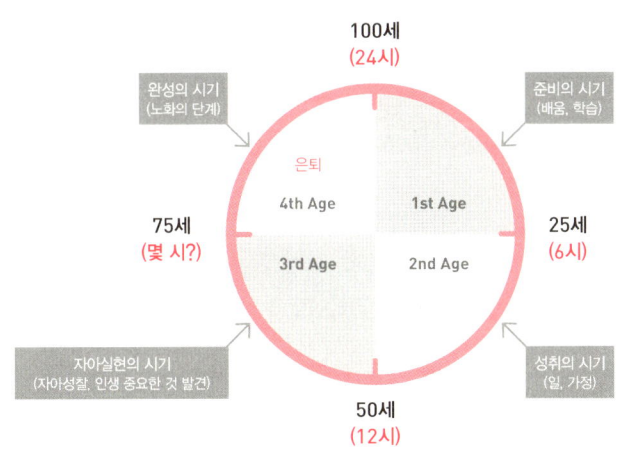

자료: 생명보험 사회공헌위원회

가 필요한 시점이다. 가끔 한창 일할 수 있는 나이에도 불구하고, 나이 때문에 스스로 누워 버리거나 포기하는 우리네 인생을 볼 때 100세 노인 알란은 희망 같은 인물이다.

• 스마트 은퇴스토리 •
老年을 위한 은퇴설계 'L·E·D' 전략

저금리·고령화 시대에 행복한 은퇴설계를 위한 키워드로 'LED'가 주목받고 있다. LED는 원래 '발광다이오드(Light Emitting Diode)'라고 부르는 반도체 소자를 말한다. LED를 사용하는 LED TV와 LED 전구는 매우 밝을 뿐 아니라 수명이 길면서도 유지 비용은 적게 든다고 한다. 마찬가지로 저금리·고령화 시대의 어둠을 밝혀줄 3가지 은퇴설계 전략을 'LED'로 시작하는 영어단어로 맞춰볼 수 있다.

Long work: 길게 일하기

먼저 'L'은 '롱 워크(Long work)'로부터 가져왔다. 고령화 시대인 만큼 어떻게 해서든 오래 일해야 한다는 것이다. 기대수명이 늘어나면 그에 따라 근로 기간도 늘어나야 하지만, 우리나라의 경우 거꾸로 가고 있다. 특히 1997년 외환위기 이후 잦은 구조조정 등으로 은퇴가 빨라지면서 주된 직장에서 물러나는 나이가 평균 53~54세에 불과하다. 2016년부터 정년 60세 의무화가 시작되지만 은퇴연령이 갑자기 크게 늘어나기는 쉽지 않을 가능성이 크다. 따라서 한두 직장에서 20~30년 근무하는 것을 넘어 인생 이모작·삼모작을 노려야 할 것이다. 그렇다면 과연 내가 지금 무엇을 해야 할 것인가. 아이들에게만 스펙을 키우라고 요구하지 말고 중·장년들도 현역으로 있을 때 스스로 자기개발을 통해 인생 이모작에 나설 준비를 할 필요가 있다.

Early start: 빠른 은퇴 준비

'E'는 조금이라도 빨리 시작하라는 '얼리 스타트(early start)'를 의미한다. 일찍 일어나는 새가 벌레를 잡는다는 속담처럼 가능한 한 일찍 돈을 벌기 시작하는 것은 물론 돈을 버는 순간부터 은퇴설계를 염두에 둬야 한다. 일찍 시작하고 늦게까지 소득을 올리는 양동작전이 필요하다는 뜻이다. '이제 직장을 잡았으니까 좀 즐기고 놀아야지.' 하다가는 나이 들어서 은퇴설계 전문가로부터 "노후·은퇴설계가 안 나오는데요."라는 말을 듣기 십상이다. 유능한 의사도 손을 놓을 수밖에 없는 '은퇴 중환자'가 되지 않으려면 1년이라도 빨리, 지금 바로 시작하는 게 핵심이다.

Double income: 맞벌이

'D'는 '더블 인컴(double income)'으로 부부가 맞벌이 전선에 나서야 한다는 주장이다. 외벌이로는 충분한 은퇴설계 자체가 불가능해지고 있기 때문이다. 기대수명이 70세이던 시절에는 남편 혼자 30년 벌어서 부부의 여생 20년(남편의 60세 은퇴 후 부부가 평균 10년씩 더 산다고 가정)을 설계하면 그만이었다. 30년으로 20년을 설계하는 것이므로 산술적으로도 어려워 보이지 않는다. 하지만 이제 기대수명이 90세로 늘어나면서 30년 벌어서 60년(부부가 각각 30년)을 먹고 살아야 한다. 30년으로 60년을 설계해야 하므로 아예 엄두가 나지 않거나 제대로 된 설계가 어려운 상황으로 치닫기도 한다. 만약 배우자가 일을 10년 정도 한다면 더해서 40년으로 60년을 설계하고, 배우자가 20년 정도 일을 한다면 50년으로 60년을 설계할 수 있으므로 부담은 많이 줄어든다.

우리나라보다 저금리도 먼저 진입하고 기대수명도 더 긴 나라들인 선진국들의 맞벌이 비율은 60%를 넘고 있다. 미국이 65%, 독일이 61%, 프랑스가 60% 등이고 경제협력개발기구(OECD) 평균이 57%에 달한다. 통계청에 따르면 한국의 맞벌이 비율은 43%로 주요 선진국들에 비해 크게 낮다. 가부장적 관습, 육아 및 교육, 가사 분담 등 여러 가지 이유로 맞벌이 비율이 급속하게 높아지기는 어렵겠지만 정부는 물론 기업과 개인들도 꾸준히 노력해야 할 부분이다.

L·E·D는 결국 인생 이모작을 미리 준비하고, 일찍 일어나는 새가 한 집에 두 마리나 되라는 지침이다. 사실 이 3가지 중 쉬운 것은 하나도 없다. 하지만 어렵다고 걱정만 하거나 피해갈 수만은 없는 게 우리네 인생 아닌가. 은퇴 학자로 유명한 미국 코넬대 칼 필레머 교수가 쓴 책《내가 알고 있는 걸 당신도 알게 된다면》에는 '비가 올 때 필요한 것은 걱정이 아니라 우산'이라는 말이 나온다. 요즘 은퇴 컨설팅을 하면서 무슨 준비를 어떻게 하고 있느냐고 물어보면 "글쎄, 뭐 걱정만 했지 뾰족하게 내세울 게 없다."는 대답이 대부분이다. 비가 올 때 필요한 것은 걱정이 아니라 우산인 것처럼 은퇴를 앞두고 필요한 것도 걱정이 아니라 계획된 준비, 즉 'L·E·D'라는 점을 명심하자.

part 2
도전하는 뉴시니어

01

나도 꽃할배,
꽃할매처럼
살고 싶다

멋진 후드티와 검정색 선글라스가 전혀 어색하지 않은 대한민국 대표 할배들이 유럽에 떴다. 누구나 한 번쯤은 꿈꿔봤을 법한 이야기. 하지만 그 누구도 실행에 옮기지 못했던 리얼 스토리가 펼쳐진다. 바로 tvN 〈꽃보다 할배〉다.

"미안합니다만 이제부터 우리가 주인공입니다. 껄껄껄…", "니들이 파리를 알아?"

평균연령 76세, 총합 302세 꽃할배들의 도전과 모험을 담은 9

박 10일 간의 유럽 배낭 여행기! 귀여운 맏형 이순재(80세). 인자함과 엉뚱한 매력 속에 진한 감동을 주는 신구(78세). 제대로 멋쟁이 로맨티스트 박근형(74세). 막내 투덜투덜 떼쟁이 백일섭(70세). 대한민국을 대표하는 어른으로, 성공한 인생의 대선배로, 시대를 풍미한 명배우로 불세출의 50년 연기 내공을 가진 이들이 전하는 진솔한 이야기는 웃음을 넘어 잔잔한 감동과 메시지를 전해준다.

대한민국 대표 할배 4인방의 좌충우돌 배낭여행기 〈꽃보다 할배〉를 통해 마음은 언제나 청춘인 60~70대가 가져야 할 은퇴 준비에 필요한 4가지 FACT를 살펴보자.

Friends: 가장 소중한 재산은 오래된 벗이다

"우리들의 마지막 여행이 될 것이다. 그래서 즐거운 마음으로 이 여행에 동참했다."

여행의 이유는 이것으로 충분했다. 수십 년간 연기자라는 같은 길을 걸어온 동료지만 한 번도 함께하지 못한 그들이 인생 후반에야 여행을 통해 서로의 존재를 다시금 깨닫는 과정이다. 혼자 하는 자유여행도 물론 매력적이긴 하지만 나이가 들어 누군가와 함께 떠나는 여행의 맛은 두고두고 기억될 사랑과 추억이다.

여행을 간다면 누구와 떠나겠는가? 배우자, 친구 또는 선배건 후배건 상관없다. 분명 마음을 터놓고 흔쾌히 아름다운 기억을 나눌 벗이 있을 것이다. 어릴 적 소풍에서부터 수학여행, 신혼여행, 배낭여행 등 여행은 우리들의 기억 속에서 항상 최고의 순간이었다. 목적지가 어디건 벗과 함께 떠나는 여행은 지워지지 않을 아름다운 기억을 심어줄 것이다. 남은 인생 걱정 따윈 잠시 묻어두자. 청춘보다 충분히 유쾌할 수 있다.

Adventure&Communication:
용기와 모험을 즐기고, 부족함은 소통으로 채우자

여행을 좋아하는 사람들은 대부분 적극적이다. 모험을 즐기고, 낯선 세상을 두려워하지 않고, 사람들과 소통하는 것을 즐긴다. 쉽지 않은 일이다. 물론 TV 속 할배 4인방도 방송의 도움이 아니었다면 여행이 불가능했을지 모른다. 나와는 동떨어진 세상 이야기라고 치부할 수도 있지만 부러운 것도 사실이다.

여전히 우리 모두는 할배들처럼 어디론가 떠날 수 있기를 희망한다. TV를 보면서 대리만족에 그치지 말고, 지금이라도 짐을 싸보자. 파리의 에펠탑이나 스트라스부르의 대성당, 노천카페들의 낭만적인 분위기가 아무리 멋진들 무엇 하랴. 떠나지 않으면 TV 속의 떡이다.

또한 여행은 젊은 세대들과 소통하는 좋은 창구가 될 수 있다. 홀로 배낭여행을 다니는 젊은 여성에게 존경스럽다며 '요즘 젊은이들이 참 대단하다'는 말을 건네는 신구의 모습은 어른이 가진 겸손함과 소통의 미덕도 함께 보여주었다. 청춘은 부러워만 할 것도, 멀리 할 것도 아니다. 자신이 가진 경험과 진솔함으로 다가가보자. 여행길에서 만나는 사람들은 여행의 또 다른 묘미이자 그들로 인해 나의 부족함도 채울 수 있다.

Travel: 남은 인생에 여행을 선물하자

통계청 사회조사 자료에 따르면 희망하는 여가활동으로 '여행'은 전 연령에 걸쳐 압도적으로 선호도가 높은 것으로 나타났다. 특히 60세 이상인 분들 또한 20대 못지않게 여행을 희망하는 것으로 나타나 남녀노소를 불문하고 여행에 대한 로망과 설렘은 별반 다르지 않음을 알 수 있다. 반면 우리나라 65세 이상 고령자의 여가생활에 대한 만족도 조사에서 만족하는 것으로 응답한 경우는 17%에 불과했으며 불만족은 29%, 보통은 54%에 달했다. 불만족의 원인에 대해서는 반수가 넘는 52%가 경제적 부담 때문이라고 했고, 건강과 체력 부담이라고 응답한 경우도 38%나 되었다.

연령대별 희망 여가활동(복수 응답)

연령대	1순위		2순위		3순위	
10대	문화예술관람	45.8%	여행	44.9%	취미·자기개발 활동	38.8%
20대	여행	58.4%	문화예술관람	45.9%	취미·자기개발 활동	42.2%
30대	여행	64.3%	문화예술관람	43.3%	취미·자기개발 활동	41.5%
40대	여행	65.3%	문화예술관람	38.6%	취미·자기개발 활동	37.5%
50대	여행	62.8%	취미·자기개발 활동	31.8%	문화예술관람	27.7%
60대	여행	54.0%	TV시청	28.4%	휴식활동	27.8%

자료: 통계청(2015)

 평균수명이 80세를 넘어 100세 시대를 바라보는 지금의 노인은 과거의 노인이 아니다. 철저한 건강관리와 자기개발로 젊은이 못지않은 체력과 열정을 가졌다. 나이 든 '젊은 오빠'들이 넘쳐난다. TV 속 꽃할배 못지않은 그들이 멋들어진 백팩을 들쳐 메고 배낭여행을 떠나는 모습을 심심치 않게 볼 날도 머지않았다. 어려서는 돈이 없어서, 젊어서는 일하느라, 나이 들어서는 힘에 부친다며 여행을 하지 못했다. 그나마 짬을 내 멀리 떠나지만, 짧은 기간 대충 보는 데 그친다. 경쟁하듯 차를 타고 수백 킬로미터씩 이동하고, 카메라 셔터를 쉴 새 없이 눌러댄다. 그건 관광이지 여행이 아니다. 쇼핑으로 가득 채워올 트렁크나 무거운 골프백을 잠시 뒤로 하고 여행을 위한 여행을 떠나보자. 내가 원하는 것을 보기 위한 여행 말이다.

 은퇴하고 나면 시간의 여유가 생긴다. 노후 소득이 안정되고, 건강만 잘 챙기면 누구나 〈꽃보다 할배〉의 주인공이 될 수 있다. 조금 모자라거나 몸이 불편하더라도 미리 포기하지는 말자. 여전히 떨리는 가슴을 간직하고 있다면 그 정도는 너끈히 이겨낼 수 있다. 여행은 빚내서도 한다고 하지 않는가. 나의 인생에 여행이라는 멋진 선물을 안겨보자. 여행이야말로 훌륭한 은퇴 준비다.

02
100세 시대엔 흥겨운 '밀양아리랑'을 부르자

"Life is short, Art is long(인생은 짧고 예술은 길다)." 서양의학의 창시자로 일컬어지는 히포크라테스가 약 2400년 전에 남긴 말이다. 그가 말한 원래 의미는 '생명은 짧고 의술(醫術)은 길다'였지만 이후 한 사람의 짧은 인생과 그가 남긴 예술 작품의 긴 생명을 비교하는 말로 사용되고 있다.

그러나 최근 들어서는 이 격언이 '인생도 예술도 길다. 다만 예술이 좀 더 길 뿐이다'로 바뀌어야 한다는 게 필자의 주장이다.

기대수명이 급속하게 길어지면서 100세에 근접하고 있기 때문이다. 가장 빈번하게 사망하는 연령을 뜻하는 최빈사망연령은 한 해 동안 사망한 사람들을 나이별로 나열할 경우 가장 많은 사람이 사망하는 나이를 말한다. 우리나라의 최빈사망연령은 이미 85세를 넘어섰다. 실제로 요즘 문상을 가면 고인의 연세가 여든 이상인 경우가 대부분이고 아흔 이상인 경우도 볼 수 있다. 이 추세라면 2020년경 최빈사망연령이 90세에 달할 것이라는 전망이다. 최빈사망연령이 90세를 넘기 시작하면 주변에서 100세까지 사는 사람을 흔히 볼 수 있다고 해서 이른바 100세 시대에 진입하게 되는 것이다.

'아리랑'을 들으면 우리 삶이 보인다

이제 100년을 살아야 하는 인생이라면 우리는 무엇을 해야 하는가. 이 대목에서 필자는 우리나라의 대표적 민요로 서민들의 애환을 담은 '아리랑'을 떠올린다. 우리는 과연 어떤 아리랑을 부르며 이 긴 인생을 살아갈 것인가. 이를 위해 남한의 3대 아리랑으로 꼽히는 '정선아리랑, 진도아리랑, 밀양아리랑'의 가사를 차례로 살펴보자.

먼저 정선아리랑. "눈이 올라나 비가 올라나 억수장마 질라나,

만수산 검은 구름이 막 모여든다. 아우라지 뱃사공아 배 좀 건너 주게, 싸리골 올동백이 다 떨어진다(이하 중략).”

첫 번째 가사는 고려 말엽 조선의 역성혁명을 반대한 고려 유신 7명이 정선으로 은거지를 옮겨와 살면서 그들의 외로우면서도 고달픈 심정을 노래한 것이라고 한다. 두 번째 가사는 남녀 간의 사랑을 노래하고 있다. 정선의 아우라지 나루를 사이에 두고 마주보고 있는 두 마을의 처녀와 총각이 서로 사랑하게 돼 처녀가 싸리골 동백을 따러 간다는 핑계를 대고 날마다 강을 건너가 정을 나눴다. 그러던 어느 여름 장마로 홍수가 지면서 강을 못 건너게 되자 총각을 만날 수 없게 된 처녀가 이를 원망하면서 부르기 시작했다는 것이다.

“정선읍내 물레방아는 사시장철 물을 안고 뱅글뱅글 도는데, 우리 집에 서방님은 날 안고 돌 줄을 왜 모르나~”라는 가사 또한 심상치 않다. 서방님의 관심사가 다른 곳에 있었든지 아니면 외간 여자를 만나고 다녔는지는 알 길이 없다. 어쨌든 나를 안고 돌지 않는 서방님에 대한 여자로서의 불만을 솔직하게 드러내고 있는 것이다.

이처럼 정선아리랑은 외로움과 그리움, 고달픔에서 시작해 원망과 불만이 쌓인 데서 오는 한을 품고 있는 노래다. 정선은 10여 년 전까지만 해도 '딸이 쌀 서 말 먹고 시집가면 부잣집'이라는 말을 할 정도로 먹고 살기 힘든 동네였다. 새벽부터 밤까지 죽어라 일을 해도 입에 풀칠하기도 어려운 지역에서 사는 사람들의 입에서 입으로 전해온 한을 노래 가사로 풀어내고 있는 것이리라.

한편 진도아리랑은 진도 총각과 경상도 처녀의 사랑에 얽힌 이야기를 담고 있다는 게 정설이다. 진도 총각이 경상도 대갓집에서 머슴살이를 하다가 주인집 딸과 정분이 나서 진도로 도망쳐왔다. 둘이서 정답게 살다가 그만 총각이 병으로 죽자 처녀가 슬픈 마음을 달래려고 부른 게 진도아리랑이라는 것이다.

"서산에 지는 해는 지고 싶어 지느냐, 날 두고 가신 님은 가고 싶어 가느냐. 문경새재는 웬 고갠고, 구부야 구부구부가 눈물이로구나(이하 중략)." 서산으로 지는 해처럼 우리 님도 죽고 싶어서 죽었겠느냐. 그렇기는 해도 님과 함께 도망치면서 굽이굽이 넘어오던 문경새재를 생각하면 눈물만 흐르는 애틋한 심정을 노래한 것이다. 뒷부분에는 이런 가사도 있다. "오동나무 열매는 감실감실, 큰 애기 젖통은 몽실몽실. 씨엄씨 잡년아 잠 깊이 들어라, 문밖에 섰는 낭군 밤이슬 맞는다." 시어머니를 모시고 사는 며느리가 남편과의 정도 맘대로 나눌 수 없는 말 못할 고민을 털어놓고 있는 대목이다. 설사 낭군이 방에 들어왔다고 하더라도 건넌방에서 아마도 홀어미인 시어머니가 잠 못 들어 뒤척일 때마다 낭군의 손을 뿌리칠 아낙의 모습이 눈에 선한 장면이다. 진도아리랑도 정선아리랑에 못지않게 가난한 사람들의 삶에 드리운 그리움과 외로움, 슬픔은 물론 고부 갈등과 성적인 고민 등을 담고 있는 것이다.

반면 밀양아리랑은 전혀 다른 분위기를 연출하고 있다. "날 좀 보소, 날 좀 보소, 날 좀 보소, 동지섣달 꽃 본 듯이 날 좀 보소. 정든 님이 오셨는데 인사를 못해, 행주치마 입에 물고 입만 방긋(이하 중략)." 만나면 선뜻 내색은 못하지만 이 내 마음은 당신이 한겨울의 꽃처럼 얼마나 반가운지 모른다고 노래하고 있다.

그러나 밀양아리랑의 기원과 관련된 전설은 결코 밝은 내용이 아니다. 옛날 밀양 부사 이모(李某)에게 아랑이라는 예쁜 딸이 있었다. 관아에서 일하던 젊은이가 사랑을 고백했지만 아랑이 단호하게 거절하면서 무례함을 꾸짖었다. 그러자 실망한 젊은이는 사모함이 증오로 변해 아랑을 살해하고 말았다. 이후 밀양의 부녀들이 아랑의 정절을 기리면서 '아랑, 아랑' 하며 부르던 것이 오늘날의 밀양아리랑으로 발전했다는 것이다. 노래 중반부터는 아랑의 애달픈 넋을 위로하는 가사가 나오면서 다음과 같이 끝내고 있다. "저 건너 대숲은 의의한데 아랑의 설운 넋이 애달프다. 아랑의 굳은 절개 죽음으로 씻었고 고결한 높은 지조 천추에 빛난다."

여기서 눈여겨볼 부분은 슬픈 전설이 깃든 이야기를 매우 빠르고 씩씩하면서도 경쾌한 노랫말과 가락으로 이끌어가고 있다는 점이다. 특히 초반을 보면 전혀 슬픔이나 한이 느껴지지 않고 오히려 남녀 간의 흥겨운 사랑놀음의 한 장면을 연상케 하고 있다. 슬픈 전설까지도 흥겨운 가락으로 이끌어내는 밀양 사람들의 해학을 엿볼 수 있는 부분이다.

소득 수준 따라 슬프기도 흥겹기도

　세 아리랑의 지역적 특성을 살펴보면 어떤 특징을 찾을 수 있을까? 지금은 도로 사정이 많이 좋아졌지만 정선은 최근까지도 강원도에서도 오지 중의 오지였다. 이에 따라 정선아리랑은 잔잔한 흐름 속에 소박함과 여인의 한숨 또는 체념과 같은 서글픔을 담고 있다는 게 총평이다. 진도는 규모가 큰 섬이기는 해도 평야지대가 많은 전남 육지에 비해 농사와 어업으로 살아가기가 빠듯한 지역이었을 것이다. 결국 정선이나 진도나 모두 먹고 살기가 어려운 가운데 삶의 애환이 전설이나 설화에 녹아나면서 구슬픈 한이 맺힌 아리랑으로 태어난 것이다. 반면 밀양아리랑은 앞서 언급한 것처럼 빠르고 씩씩하면서도 경쾌한 가락을 가지고 있다. 여기다 가사 자체도 전체적으로 밝은 분위기여서 듣고만 있어도 저절로 흥이 나고 누구나 들으면 어깨를 들썩이게 만들고 있다.

　무엇이 이 세 아리랑을 이렇게도 다른 가사와 가락으로 태어나게 만들었을까. 사는 게 다 어렵던 시절 슬픈 전설과 사연을 가지지 않은 지역이 있었을까. 그런데 한 가지 신기한 것은 진도와 정선이 우리나라 16개 광역시·도에서 가장 개인소득 수준이 낮은 전라남도와 강원도에 위치하고 있다는 점이다.

　통계청에 따르면, 2013년 기준으로 강원과 전남의 1인당 연간 개인소득은 각각 1,365만 5천 원, 1,365만 7천 원으로 하위 1, 2

위를 차지하고 있다. 전국 평균 1,586만 원에 비해 220만 원이나 적을 뿐 아니라 상위 1위인 울산의 1,915만 원과 비교하면 70% 정도에 불과하다. 물론 현재와 아리랑이 태어나던 시절, 즉 조선시대나 구한말 또는 일제강점기 때를 직접 비교하기는 어렵다. 하지만 우연인지도 모르고 견강부회일 수도 있지만 한 맺힌 슬픔을 노래하는 정선아리랑과 진도아리랑이 태어난 지역의 소득 수준이 여전히 가장 낮게 나타나고 있다.

반면 밀양이 속해 있는 경남의 1인당 개인소득은 1,498만 원으로 이 역시 전국 평균 1,586만 원에는 못 미치지만 16개 시·도 중 9위를 차지하고 있다. 오지 중의 오지였던 정선과, 멀기도 멀 뿐만 아니라 살기도 어려운 섬이어서 벼슬아치들의 귀양지였던

시도별 1인당 개인소득

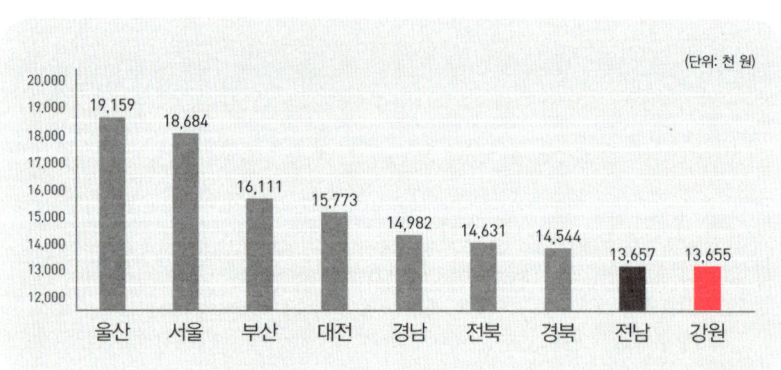

진도에 비해, 밀양은 이름 그대로 따뜻한 햇볕이 비추는 너른 벌판의 살기 좋은 고장이었다고 할 수 있다. 그러다 보니 아랑의 슬픈 전설까지도 남녀 간의 애달프지만 있음직한 사랑과 흥으로 다시 태어나게 만든 것이 아닐까.

    필자의 결론은 먹고살 만해야 노래도 흥이 나고 신명이 나는 법이라는 것이다. 먹고살 만해야 어려운 일, 슬픈 일을 당해도 "그래, 그럴 수도 있지. 이 또한 지나갈 거야." 하는 긍정적·낙천적 마음을 가지기가 쉽다는 것이다. 조금 섭섭하고 화나는 일도 그러려니 받아들이려면 나 자신이 윤택함과 품위를 유지하고 있어야 한다. 아버지·어머니, 할아버지·할머니로서 또한 윗사람으로서 존경받고 그에 합당한 대우를 받으려면 나 자신이 살 만해야 하고 그 살 만한 정도를 온몸으로 보여줘야 하는 것이다.

03

부부의 노후, 맞벌이가 답이다

　영화 〈님아 그 강을 건너지 마오〉가 수백 만 관객의 가슴을 적시며 뜨거운 관심을 모았다. 다정한 89세 할머니와 98세 할아버지 부부가 영원한 이별을 준비하는 모습이 많은 사람들의 공감을 받으며 부부간 함께 보고 싶은 영화로 떠오른 것이다. 비단 연로하신 부모님 세대뿐 아니라 자신의 노후를 미리 가늠하며 부부 사이를 다시 견고히 했다는 젊은 부부 관객도 많다. 76년을 함께 살아온 영화 속 주인공 부부만큼은 아니더라도, 노후 30년을 함께 보낼 파트너로서 배우자의 소중함을 재인식했다는 평가가 대부분이다.

　최근 은퇴 준비의 핵심은 '부부 중심의 노후생활을 어떻게 준비할 것인가'이다. 우리나라는 아직 다른 선진국에 비해 부모 봉양과 자녀 뒷바라지 경향이 강하고, 만혼(晩婚)과 늦은 취업으로 30세 이상 자녀와 함께 사는 경우도 많다. 그러나 점점 노후는 부부만의 독립적인 생활인 것으로 인식이 변하고 있다. 이에 따라 노후자금도 부부 2인을 기준으로 계산하며, 스스로 마련하려는 인식이 커지고 있다. 통계청 사회조사에 따르면 부모의 생활비는 스스로 마련해야 한다는 응답이 절반을 넘은 50.2%로 나타났으며, 이러한 추세는 매년 강해지고 있다.

부부 중심의 노후자금, 얼마나 필요할까

　부부의 노후자금을 준비하기 위해서는 우선 얼마나 필요한가부터 계산해볼 필요가 있다. 은퇴 준비가 사회적 화두로 떠오른 2000년대 초반에는 보유자산 6~7억 원 이상 필요하다는 인식이 대부분이었지만, 최근에는 현금흐름을 고려하는 추세다. 20~30년의 긴 노후생활을 유지하기 위해서는 단순히 보유자산의 규모보다는 꾸준한 현금흐름으로 생활비를 충당해야 하기 때문이다.

문제는 이러한 노후생활비를 충분히 준비하지 못하고 노후를 맞이하는 데 있다. 통계청에 따르면 가구주가 이미 은퇴한 가구 중 현재 부부의 생활비가 '부족하다'가 42.2%, '매우 부족하다'가 20.9%로, 총 은퇴 가구 중 63.1%가 노후 적정 생활비를 충당하지 못하고 있는 것으로 나타났다. 대부분 은퇴 직후 소득의 갑작스러운 중단을 겪는 것이 문제인데, 이때 급격히 지출을 줄이는 것이 쉽지만은 않기 때문이다. 또한 나이가 들수록 건강 악화로 의료비가 증가하는 등 다른 지출이 발생할 수 있다는 것도 염두에 두어야 한다. 은퇴하기 전 충분한 노후자산 및 현금흐름의 확보가 중요한 이유다.

4050 맞벌이 가구가 늘고 있다

부부의 노후자금 증액을 위해 고려할 수 있는 방법으로 맞벌이를 들 수 있다. 실제로 우리나라 두 가구 중 한 가구는 맞벌이 가

연령대별 맞벌이 가구 비율

구분	평균	15~29세	30~39세	40~49세	50~59세	60세 이상
비율	43.9%	37.4%	42.1%	51.8%	51.3%	29.6%

자료: 통계청(2014)

구다. 통계청에 따르면 2014년 10월 맞벌이 가구 비율은 43.9%로, 특히 40대와 50대에서 높게 나타나고 있다. 젊을수록 맞벌이를 할 것이라는 일반적인 인식과는 달리, 맞벌이 비율이 50대 이전까지 계속 상승하는 모습을 보이는 현상은 여성의 취업률과 관계가 깊다.

40대 이후 맞벌이 비율이 높은 이유는 '경단녀'라는 신조어와 연결된다. 이는 경력단절여성을 줄인 것으로, 특히 30대 여성의 경력이 여러 가지 이유로 단절되는 현상에 대한 사회적 관심을 반영하고 있다. 경력단절의 주된 이유는 여성에게 있어 출산과 자녀 양육의 부담이 여전히 크기 때문이다. 그러나 자녀가 어느 정도 성장한 이후에는 40대 이상이 된 부모의 직접적인 돌봄의 필요성이 줄어들고 오히려 학비를 비롯한 양육비 부담은 커지게 된다. 따라서 경력단절 이후 재취업 및 맞벌이로 추가적인 소득을 마련하는 것이다. 이는 자녀의 교육비로 쓰일 뿐 아니라 저축을 통해 부부의 노후자금으로 활용될 수 있다. 또한 여성들의 재취업은 비단 소득 증가뿐 아니라 경력을 살리고 새로운 꿈을 실현할 수 있는 방안이 될 수 있다.

현실적으로 재취업을 하려는 여성들의 경우 가장 큰 어려움은 '적절한 일자리를 구하기 어렵다는 것'이다. 특히 자녀가 어느 정도 성장하였더라도 등하교를 챙기거나 가사를 병행해야 하는 부담이 있어서 전일제 일은 급여가 높아도 선뜻 지원하기가 어렵기

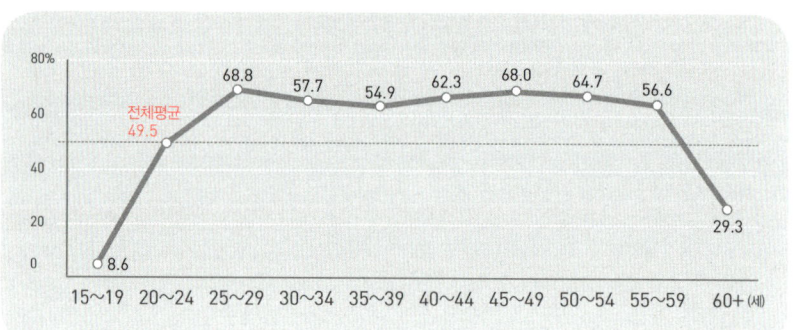

자료: 통계청(2014)

때문이다. 이에 따라 여성의 재취업 수요는 가사 및 육아와 일을 병행하기 좋은 직업 중심으로 늘어나고 있다. 특히 한국직업능력개발원(2014)의 연구에 따르면 일과 가정의 양립 수준이 높은 직업은 상대적으로 여성들의 직업 전문성과 직무 만족도가 높고 근무 여건이 양호한 것으로 나타났다. 특히 초·중·고등학교 교사, 교수 등 교육 관련직과 보험설계사, 간접투자증권 판매인이 일과 가정 양립 수준이 높은 직업으로 선정되었다. 한편 고용노동부에서 2012년 취업 전문가 및 실제 종사자 인터뷰를 통해 다양한 분야의 여성 재취업 추천 직업을 선정한 「주부 재취업 도전직업 60」을 발간한 바 있어, 재취업 일자리를 고민하는 여성이 참고할 만하다.

맞벌이 부부는 국민연금도 맞벌이한다

　노후자산 준비를 위해 맞벌이를 해야 하는 또 하나의 이유는 바로 국민연금이다. 맞벌이 가구는 두 명분의 소득이 생긴다고 해도 그만큼 소비가 큰 경향이 있어서 계획적인 저축을 하지 않으면 실제 축적되는 자산은 오히려 꼼꼼한 외벌이 가구보다 못한 경우도 있다. 그러나 국민연금의 경우 소득에 비례하여 소비보다 우선적으로 적립되므로 노후자금 목적으로만 사용될 수 있다. 두 명이 같이 국민연금을 수령한다면 그만큼 노후 준비 부담이 줄어들게 되는 것이다.

　국민연금공단에서는 부부가 국민연금을 같이 수령하는 가구가 20만 쌍을 넘었으며, 부부합산 평균 수급액은 월 60.1만 원이라고 발표했다. 이는 국민연금에 20년 미만으로 가입한 수급자까지 포함된 수치로, 대상자를 20년 이상 가입한 완전노령연금 수급자로 한정하면 부부의 수급액은 더 커질 것으로 예상된다. 비록 완전노령연금 여성 수급자의 월 급여액은 남성보다 낮은 50~80만 원대에 주로 분포되어 있어 남녀합산 금액은 120만 원대로 추정되나, 그렇더라도 국민연금만으로 부부 노후 생계비를 적정 수준 확보할 수 있게 된다.

　부부의 노후는 길다. 이를 어떻게 준비하고 살아갈 것인지는 은퇴 전 부부의 노력에 달려 있다. 길어진 노후를 고려할 때 전통적인 남편의 외벌이만으로 두 명분의 생활비를 준비하기란 부담되는 것이 현실이기 때문이다. 자녀가 학교에 입학하고 어느 정도 손이 덜 가는 때가 오면 아내의 재취업을 통해 긴 노후의 강을 함께 건널 현실적 준비를 해야 할 것이다.

대중가요 속 '노후 자화상'이 바뀌고 있다

삶의 희로애락을 표현한 우리나라 대중가요는 기쁨과 위안의 도구이기도 했고, 슬픔과 절망을 표현하기도 하며 때로는 상처를 치유하는 수단이 되기도 했다. 그래서 대중가요는 우리 역사 속에서 시대상을 반영하고 대중의 심리를 대변하는 '사회적 공용어' 역할을 해왔다고 평가되기도 한다.

"사공의 뱃노래 가물거리면~ 이별의 눈물이냐 목포의 설움~" 일제의 수탈과 억압 그리고 온갖 애환이 서린 도시 목포의 한이 노래로 담겨져 나온 것이 1935년 일제 강점기의 애환을 담아 발표된 이난영의 '목포의 눈물'이다. "두만강 푸른 물에 노젓는 뱃사공~"(김정구, 눈물 젖은 두만강), 나라를 빼앗긴 비통함은 이렇게 절절한 노랫말로 이어졌다. "돈 없으면 집에 가서 빈대떡이나 부쳐 먹지~"(한복남, 빈대떡 신사)라고 흥얼거리며 시대의 핍박과 가난을 이겨내기도 했다.

1945년 광복이 되자 일주일 만에 독립의 기쁨을 담아 "사대문을 열어라 인경을 처라, 반만년 옛터에 먼동이 튼다~"로 시작하는 '사대문을 열어라'가 나올 만큼 대중가요는 우리 역사와 함께 했다. 현인은 "너도 나도 부르자 희망의 노래, 다 같이 부르자 서울의 노래~"라는 가사의 '럭키 서울'로 희망을 노래했다. 남인수는 "다 같은 고향 땅을 가고 오련만, 남북이 가로막혀 원한 천 리 길"이라는 '가거라 삼팔선'으로 실향과 분단의 아픔을 노래하며 우리 민족의 한의 정서를 담아냈다.

1950년 6.25전쟁 중에도 대중가요는 끊어지지 않았다. 전쟁 중에도 꽃이 피고 아이가 태어나듯 노래도 생겨난 것이다. 현인은 "전우의 시체를 넘고 넘어 앞으로 앞으로, 낙동강아 잘 있거라. 우리는 전진한다~"라는 '전우여 잘 있거라'를 노래했다. 이 밖에도 '전선야곡', '임 계신 전선' 등 많은 가요가 나와 비참하고 아픈 시대를 함께 이겨냈다.

6.25전쟁 이후에는 피난민과 실향민의 아픔과 고통의 정서를

담은 '이별의 부산정거장', '단장의 미아리고개', '굳세어라 금순아' 등의 노래가 발표되어 우리 민족의 한을 달랬다. "눈보라가 휘날리는 바람 찬 흥남부두에, 목을 놓아 불러봤다 찾아를 봤다. 금순아 어디를 가고 길을 잃고 헤매었더냐, 피눈물을 흘리면서 일사 이후 나홀로 왔다~" 1953년 가수 현인이 발표한 '굳세어라 금순아'는 흥겨운 트로트 리듬의 가요지만 노랫가락에는 가족을 그리워하는 실향민의 아픔이 절절하게 묻어난다. 이 노래에는 최근 많은 인기를 누렸던 영화〈국제시장〉의 배경인 흥남철수의 아픈 역사가 담겨 있기도 하다. 이렇게 우리의 대중가요는 당시의 시대성을 담아내며 많은 사람들이 같이 공감하고 어우러지게 하는 역할을 해왔다.

세월을 반영해 빠르게 진화하는 대중가요

1960년대 TV방송이 개막하면서 대중가요는 빠르게 진화한다. 1961년 한명숙의 '노란 샤쓰의 사나이'를 시작으로 최희준의 '우리 애인은 올드미스', '맨발의 청춘', '하숙생' 그리고 이미자의 '동백아가씨' 등 다채로운 장르의 노래가 출현했다. 조국을 잃은 슬픔과 전쟁의 아픔을 담은 '한(恨)'의 정서에서 조금씩 '흥(興)'의 정서로 변화한 것이다. 그리고 그 어렵던 시절에도 사랑을 노래하기 시작했다. "노란 샤쓰 입은 말없는 그 사람이, 어쩐지 나는 좋아. 어쩐지 맘에 들어~", "우리 애인은 올드미스, 히스테리가 이만 저만, 데이트에 좀 늦게 가면 하루 종일 말도 안 해~"라는 사랑을 주제로 한 흥겨운 노래가 인기를 끌기 시작했다.

　1970년대는 송창식, 이장희, 윤형주, 김세환, 양희은, 김민기 등의 통기타와 포크음악에 열광했고, 남진, 나훈아, 조미미, 심수봉, 최헌 등의 트로트 열풍이 휩쓸기도 했다. 1980년대는 조용필, 이선희 등 명가수가 나와 많은 사람들의 가슴 속을 울리는 노래들을 들려줬다. 한편, 이문세, 이승철, 변진섭, 소방차, 김완선, 주현미 등이 활동하며 발라드, 댄스, 록, 트로트 등의 장르가 골고루 인기를 끌었다. 1990년대 이후에는 '서태지와 아이들'을 필두로 'H.O.T', '핑클' 등 아이돌 가수가 등장해 젊은 층까지 대중가요의 저변이 확대되기도 했다. 또한 신승훈, 김건모, 이승환, 신해철, 강수지, 듀스, 룰라 등이 큰 인기를 끌며 발라드, 록, 댄스, 랩, 테크노 등으로 장르가 대폭 확장됐다.

　최근 광복 70주년을 맞아 지난 70년 동안 한국 대중가요에 가장 많이 쓰인 가사에 대한 재미있는 분석이 발표되었다. 분석 결과에 따르면 광복 직후인 1945~1950년을 제외한 1951년부터 2014년까지 우리 대중가요에 가장 많이 등장한 가사는 바로 '나'였다. 그 뒤로는 '너, 사랑, 그대'의 순이었다. 이는 시대별로 상황은 달랐지만 노래를 통해 '나'라는 주체를 드러내며 많은 사람들에게 희망과 용기, 위안과 위로를 전해온 것으로 해석할 수 있다.

100세 시대, 사랑하는 방법도 바뀐다

요즘 한강변이나 둘레길을 다니다 보면 배낭을 메고 산책을 하거나 여유롭게 자전거를 타는 신중년들을 많이 볼 수 있다. 그중에는 음악을 크게 틀고 다니는 분들이 있는데, 아마도 가장 많이

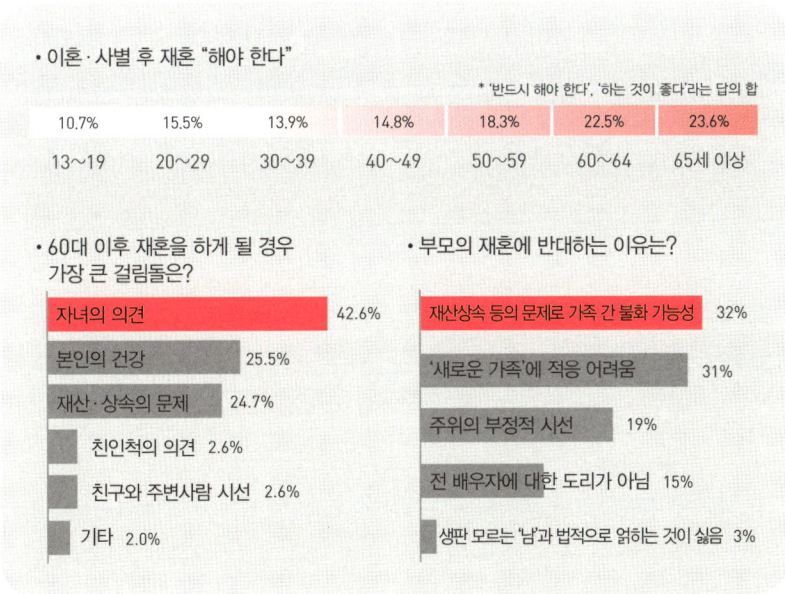

신중년의 재혼에 대한 생각과 걸림돌

자료: 통계청(2014), 결혼정보회사 듀오, 조선일보(2015.2.6)

듣는 노래 중 하나가 "야, 야, 야, 내 나이가 어때서. 사랑에 나이가 있나요~"라는 경쾌한 멜로디의 노래가 아닐 듯싶다. 이 노래는 가수 오승근이 2012년 발표한 '내 나이가 어때서'라는 곡인데, 나오자마자 큰 인기를 끌더니 최근까지도 그 인기는 식을 줄을 모른다. 한국 갤럽이 조사한 2014년 한국인의 애창곡에서도 1위에 올랐다고 한다. "세월아 비켜라, 내 나이가 어때서, 사랑하기 딱 좋은 나인데~"라는 가사에는 100세 시대를 맞아 바뀐 우리의 연애, 결혼에 대한 인식이 그대로 반영되어 있다.

한국인의 기대수명은 남성이 79.0세, 여성이 85.5세로 크게 늘어나고 있고, 이와 함께 이혼과 재혼에 대한 인식도 달라지고 있다. 특히 20년 이상 같이 산 부부가 황혼이혼을 하는 경우가 급증하고 있는데, 사법연감에 따르면 지난해 이혼한 부부 중 황혼이혼의 비율은 전체의 28%에 달했다. 예전에는 자식들을 위해 그리고 남의 눈 때문에 참고 살았던 사람들이 많았지만, 이제는 은퇴 이후 길게는 30년에 달하는 긴 시간을 참고 살 수는 없다는 것이다.

재혼 또한 증가하고 있다. 통계청이 발표한 자료에 따르면 지난 30년간 재혼 남성은 93.5%, 재혼 여성은 227.6%나 증가했다. 특히 재혼 여성 중 50대 이상 비중은 1982년 6.0%에서 2012년 21.8%로 급격하게 늘었고, 남성의 경우에도 15.5%에서 35.6%로 늘어나 인생 황혼기에 새로운 동반자를 찾는 황혼재혼도 빠르게 늘어나고 있다. 이와 함께 재혼에 대한 의식도 많이 바뀌고 있다. 통계청이 발표한 2014년 사회조사에 따르면 65세 이상에서는 23.6%가 사별이나 이혼 후 '재혼을 해야 한다'라고 답해 40대의 14.8%에 비교해서 월등히 높았다.

1995년 가수 김광석이 '어느 60대 노부부의 이야기'를 리메이크해 불러서 많은 인기를 끌었는데, 1990년대만 해도 60대면 노인으로 부르던 시대였다. 그런데 이제는 60~75세를 신중년으로 부를 만큼 신체적으로 젊고 건강해졌고 사고방식도 많이 바뀌고 있는 것이다.

신중년, '내 나이가 어때서'

'가는 세월', '구름나그네' 등으로 인기가 많았던 70년대 포크 음악을 이끌던 가수, 서유석. 그가 70대에 접어든 나이임에도 최근 25년 만에 신곡 '너 늙어봤냐 나는 젊어봤단다'를 발표하며 돌아왔다.

"컴퓨터를 배우고 인터넷을 할 거야, 서양말을 배우고 중국말도 배우고 아랍말도 배워서 이 넓은 세상 구경 떠나볼 거야~"라는 가사는 요즘 건강하고 의욕에 넘치는 신중년의 생각을 잘 대변하고 있다. 방송에서 고령 연기자들이 황혼에 배낭여행을 떠나는 모습을 담아 선풍적인 인기를 끌기도 했는데, 실제로 이제는 여행지에서 청바지를 멋지게 입고 여유롭게 여행을 다니는 신중년들을 쉽게 볼 수 있다. 한강변에서 아침 일찍 제일 열심히 운동하는 사람들도 신중년 세대들이다. 지역복지센터에서 컴퓨터, 외국어 등을 열심히 배우는 신중년도 늘어나고 있고 자신의 재능을 나누는 자원봉사를 즐겁게 하는 신중년도 어렵지 않게 찾아볼 수 있다.

신중년 세대는 인터넷 이용률도 높고 스마트기기와도 친숙하다. 60대의 인터넷 이용률은 50.6%에 이르며 '자료나 정보를 얻기 위해' 그리고 '커뮤니케이션을 위해' 인터넷을 활용하고 있다. 60대의 스마트폰 보유 비율은 35.9%로 높아졌고, 카카오톡 등 메신저 이용률이 55%에 달한다. 이제 신중년 세대도 인터넷과 스마트기기를 통해 가족이나 친구들과 손쉽게 소통하며 공감대를 형성하고, 최신 정보를 습득하며 다채로운 삶을 살아가고 있는 것이다.

7080 시대 가수의 반가운 컴백은 이뿐만이 아니다. 짙은 허스키에 영혼을 울리는 바이브레이션 창법으로 '진정 난 몰랐네', '내 하나의 사랑은 가고' 등을 불러 많은 인기를 모았던 '소울(Soul) 음악의 대모' 임희숙. 올해 데뷔 49주년을 맞았지만 아직도 무대에 오를 때면 긴장된다는 그녀는 최근 신곡 '어떻게 좀 해봐'를 발표하며 팬들에게 돌아왔다.

"어떻게 좀 해봐 삐뚤어진 지금 흔들리는 세상, 씨 뿌리고 가꾼 만큼 잘 사는 그런 세상 만들어봐~"라는 시원한 목소리의 노래에는 이 세대를 살아가는 모든 지친 사람들에게 다시 힘을 내서 좋은 세상 만들어 가자는 희망의 메시지가 담겨 있다.

만약 어디에선가 어떤 이유로든 실의에 빠져 어깨가 축 처져서 낙담하고 있는 신중년 세대가 있다면, 서유석과 임희숙의 신곡을 한 번 힘차게 따라 해보자.

05

'흥부전' 연금이 박씨다

 '박타령'으로도 불리는 '흥부가'는 널리 연창되는 판소리 다섯 마당 중에서도 가장 잘 알려진 작품이다. 가난하지만 마음씨 착한 흥부가 우연한 계기에 제비 다리를 고쳐주었더니 그 제비가 박씨를 물어다 주고 거기서 쏟아져 나온 재물로 부자가 된 반면, 그 내력을 알게 된 부유하지만 심술궂은 놀부는 제비 다리를 일부러 부러뜨리고 얻은 박에서 나온 사람들에게 봉변을 당하고 망한다. 그러나 흥부의 배려로 잘못을 뉘우치고 형제가 화목하게 살았다는 이야기다.

고령화 시대 장자상속은 정당한가?

오장육부가 아닌 오장칠부 '심술보'를 하나 더 가지고 태어난 놀부는 아버지 연생원이 죽자 물려받은 재산을 혼자 다 차지하고 흥부 가족을 쫓아냈다. 놀부가 받은 재산으로 가늠해볼 때 연생원은 분명 그 지역에서는 내로라하는 부농지주였을 것이다. 하루아침에 알거지로 쫓겨나게 된 흥부는 건넛산 언덕 밑에 움을 파고 수숫대로 집을 짓고 산다. 말 그대로 흥부가 기가 막힐 노릇이나 어디 하소연할 데도 없다.

그런데 이러한 일이 현재에도 가능할까? 조선후기 당시에는 주자 성리학 이념이 뿌리 깊게 자리 잡아 장자 중심의 상속이 당연시됐다. 특히 임진왜란, 병자호란과 같은 큰 전란을 겪으면서 혈족의식은 더 공고해진 가운데, 제사를 모시는 위치에 있는 장자는 자연스럽게 가계의 중심으로 상속 또한 장자 중심으로 굳어진 것이다.

이러한 우리의 유산상속 관행은 광복 이후까지도 이어졌다. 1960년 당시 민법에 의하면 배우자와 장남, 장남이 아닌 아들, 결혼하지 않은 딸, 결혼한 딸의 법정 분배 비율은 0.5:1.5:1:0.5:0.25로 호주를 승계하는 장남에게 가장 많은 유산이 돌아갔다. 이후 첫 번째 법 개정에서 배우자 지분이 증가해 배우자, 장남, 장남이 아닌 아들, 결혼하지 않은 딸, 결혼한 딸의 상속 비율이

1.5:1.5:1:0.5:0.25로 조정됐다. 현행 제도인 두 번째 법 개정에서는 호주제도 변화가 반영되어 장남에 대한 가산 규정이 사라지고, 딸도 아들과 같은 비율을 받도록 되어 배우자, 장남, 장남이 아닌 아들, 결혼하지 않은 딸, 결혼한 딸의 상속 비율이 1.5:1:1:1:1로 변경된 것이다.

법무부는 지난 2014년 1990년 이후 24년 만에 배우자의 상속지분을 대폭 확대하는 내용을 골자로 하는 상속제도 개정안을 발표한 바 있다. 논의 중에 있는 동 상속법 개정안이 확정되면 각각의 상속 지분은 어떻게 변할까? 현행법상 배우자와 자녀의 상속재산 비율은 1.5:1이다. 하지만 이후엔 배우자가 우선 50%를 받고 나머지 50%를 기존 방식으로 나누게 된다. 예를 들어 배우자와 자녀 2명이 있을 경우 현재는 배우자가 42%, 자녀가 각각 28%를 받았는데, 앞으로는 배우자가 50%를 먼저 선취하고 나머지를 상속분에 따라 1.5:1:1로 나눠 배우자 71%, 자녀들이 각각 14%씩 받게 되는 것이다. 배우자 입장에서는 개정안이 확정되면 기존 대비 약 29%p의 상속분이 더 인정되는 셈이다.

이러한 논의는 부부가 함께 노력해 재산을 형성한 만큼 배우자에게 그 몫을 우선 돌려준다는 의미와 더불어 고령화 추세에 따라 평균수명은 점차 늘어나는데, 자녀부양은 기대할 수 없다는 현실을 반영하겠다는 취지다. 인식의 변화가 상속제도 틀에도 영향을 미치고 있는 것이다.

정년 전에 스펙을 쌓아라

굶주린 사람에게 밥 나눠주고, 헐벗은 사람에게 옷 벗어주는 흥부는 분명 심성이 어질고 착한 사람이다. 놀부에게 쫓겨나던 날도 남이 알면 형의 흉만 더 드러날까 하여 원망 없이 잠자코 집을 나온 그다. 하지만 흥부는 경제적으로 무능력한 데다 먹여 살려야 할 자식을 대책 없이 줄줄이 낳은 계획 없는 사람이기도 하다. 또한 사이사이 양반입네, 가부장입네 하며 먹히지도 않는 허세를 부리는 사람으로 희화화되기도 한다.

판본마다 다르지만 그는 열둘에서 서른 명에 이르는 자식을 둔 것으로 묘사된다. 당시만 해도 피임 개념도 없고, 농번기 노동력이 아쉬웠던 시절이니 만큼 자녀수가 많으면 유리했을 것이다. 하지만 이는 기를 수 있는 능력과 형편이 될 때나 해당하는 얘기다. 아비의 처지는 생각도 않는 철없는 흥부 자식들의 보채기는 가히 가관이다. 온갖 구하기 어려운 음식을 찾는가 하면 이 와중에 장가 보내달라는 녀석까지 있다. 기술도, 능력도, 그렇다고 변변한 인맥도 없던 흥부가 할 수 있는 일이라곤 돈을 받고 남의 매를 대신 맞아주는 매품팔이 정도다. 말 그대로 기술이 없으니 급한 김에 몸으로 때우는 식이다.

현 정부 들어 채택된 '고용상 연령차별 금지 및 고령자 고용촉진에 관한 법률'에 따르면 기존 권고사항이던 정년은 2016년부터

순차적으로 60세 의무조항으로 바뀔 예정이다. 하지만 주된 직장에서 60세를 꼬박 다 채우고 은퇴하기란 사실상 쉽지 않다. 여기저기서 직장인들도 스펙을 쌓아야 한다고 입을 모으는 이유다. 때로는 구직을 위해 눈높이를 한참 낮춰야 하는 상황이 발생하기도 한다. 현역 시절 제2의 인생을 부지런히 준비해야 한다는 생각에 각종 자격증 취득에 시간을 투자하는 직장인들이 빠르게 늘고 있다. 이야기 속 흥부는 착한 심성 하나만으로 운 좋게도 복을 받아 잘 살게 되지만, 대한민국 현실에서 흥부처럼 대책 없이 살다간 노후엔 정말 답 없는 인생이 될 수도 있다.

은퇴 후엔 연금만 한 것이 없다

부러진 다리를 명주실로 곱게 감아 보냈던 제비가 이듬해 물어 온 박씨를 심었더니 크게 자란 박에서 금은보화가 넘치도록 쏟아져 나와 흥부는 하루아침에 떼부자가 된다. 흥부에게 말 그대로 대박이 난 것이다. 그런데 제비가 물어다 준 박씨는 과연 현실에서도 가능할까?

흔히 인생역전으로 여겨지는 로또는 45개의 공 중에서 순서와 상관없이 여섯 개를 뽑는 방식으로 진행되는데, 1등의 당첨 확률은 수학적으로 8,145,060분의 1이라고 한다. 결국 누군가는 1등을 하겠지만 그게 내가 될 확률은 말 그대로 8백만 분의 1이다.

그렇다면 현실에서 미래의 내 노후를 준비하는 가장 확실한 방법은 무엇일까? 이에 대한 답은 다름 아닌 국민연금, 퇴직연금, 개인연금으로 차곡차곡 쌓은 3층 연금이다. 국민연금에 가입함으로써 기본적인 생활을 보장받으며, 직장생활을 시작하면서 가입하는 퇴직연금을 통해 평균적인 노후를 보내고, 적절한 개인연금을 선택해 보다 풍족한 노후를 준비하는 것이다.

안타깝게도 우리나라는 외국과 비교할 때 늘 은퇴 준비가 부족하다고들 한다. 그 이유는 무엇일까? 물론 급속한 고령화도 문제지만 노후 준비가 안 된 이유를 냉정히 따져보면 정부나 금융기관, 개인 모두의 책임이라 할 수 있을 것이다. 국가기록원 자료를 보면 우리나라의 합계 출산율이 인구 대체 수준(2.1명)으로 감소한 1980년대 중반 일부에서 인구억제정책의 존폐 논쟁이 있었으나 받아들여지지 않다가 10여 년이 지난 1996년에 이르러서야 산아제한정책이 공식적으로 폐지된 것으로 기록돼 있다. 우리나라가 일본과 같은 저출산·고령화 전철을 밟게 될 것이라는 예측이 충분히 가능했음에도 시대 역행적인 인구억제정책을 유지하고 있었다는 점은 아쉬운 대목이다. 금융산업 측면에서도 1988년 국민연금이 도입된 이후 1994년 개인연금이 도입되고, 2005년 퇴직연금제도가 시행됐으니 노후소득 다층보장체계가 제대로 갖춰진 것 자체가 상당히 최근의 일인 것이다.

국내 연금시장이 아직 성숙하지 않은 만큼 일부 공무원을 제외하면 주변에 3층 연금만으로 풍족한 노후를 즐기는 사람을 찾아보기란 쉽지 않다. 하지만 앞으로 더 길어질 노후를 감안하면 연금의 중요성은 더욱 부각될 전망이다. 현실에서 대박을 기대하기란 어렵다. 하지만 3층 보장체계를 완성시켜주는 연금은 개인의 노후에 있어 소중한 '박씨'와 다름없다.

3층 연금 보장체계

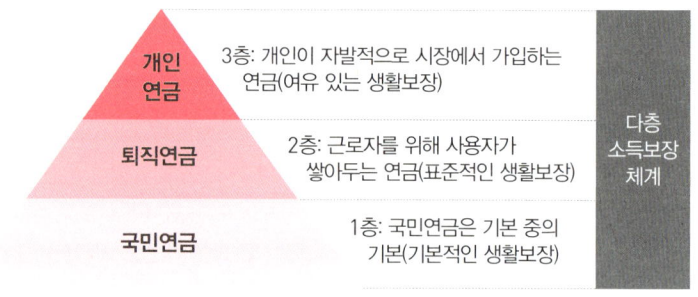

무리한 욕심은 자칫 '쪽박'으로 이어질 수 있다

하루아침에 부자가 된 흥부의 방식을 따라서 놀부가 박을 탈 때마다 그 속에서는 보물 대신 기괴한 무당과 중, 장군과 왈짜들이 차례로 나와 놀부를 매질하고 재산을 빼앗는다. 이 부분은 흥부전 후반 상당량을 차지하는 대목으로 매우 해학적으로 표현돼 이야기 최고의 재미를 주는 대목이기도 하다.

그런데 여기서 궁금한 점 한 가지. 놀부는 왜 계속해서 박을 탈까? 솔직히 중간에라도 박 타는 것을 그만두었더라면 그나마 남은 재산은 지킬 수 있었을 것이다. 하지만 놀부는 다음 번 박에서는 반드시 흥부처럼 금은보화가 나올 것이란 헛된 기대를 버리지 못했던 것이다. 욕심에 눈 먼 놀부는 아내의 만류에도 집문서, 땅문서 다 내주고 거지꼴이 될 때까지 박 타기를 멈추지 않는다. 결국 놀부가 탄 마지막 박에서는 누런 똥물이 터져 나와 온 집안을 덮고 만다.

사실 놀부 입장에서는 억울할 수 있다. 그도 그럴 것이 나름 치밀하게 동생의 재테크 성공방정식을 따랐기 때문이다. 한때 TV 광고로 유행했던 '제~비 몰러 나간다!'는 구절은 바로 놀부가 자기 집 처마 밑에 손수 제비 집을 짓고 제비를 부르는 대목이다. 어쩌다 팔자 사나운 제비 한 마리가 놀부 집에 들어와 새끼를 낳았으나 구렁이가 안 나타나니 놀부가 손수 제비 다리를 부러뜨린 것이 달랐다면 조금 다른 부분이다.

　남이 성공한 재테크 방식을 따라 한다고 나도 다 성공하란 법은 없다. 특히 요새와 같은 저금리 시대에 100% 원금 보장에 고수익을 추구할 수 있다는 달콤한 조건으로 투자를 유인하는 사람이 주변에 있다면 주의가 필요하다. 사람은 궁해질수록 귀가 얇아지고 남에 말에 쉽게 넘어가는 법이다. 우스갯소리로 '사기 당할 때가 제일 기분 좋은 때'란 말이 있다. 이는 사기꾼들이 일단 홀딱 넘어갈 만한 솔깃한 말로 사람 기분을 좋게 해둔 상태에서 사기를 치기 때문이다. 금융사기는 생각보다 우리 가까이에 있다. 한국금융투자자보호재단의 설문 자료에 따르면 전체 응답자의 25%가 금융사기와 관련된 경험이 있다고 답변했다. 인당 평균 피해 금액도 1,665.5만 원에 달해 적지 않다.

1. 은퇴자들이 표적이 되는 이유는?

은퇴자들은 주된 직장에서 은퇴 뒤 고정 수입은 줄지만 퇴직금이나 모아둔 사업 준비 자금 등 유동자산은 상대적으로 많음. 하지만 일반적으로 금융시장 변화에는 어둡고 수입이 줄어든 만큼 조급한 마음에 고수익 상품에 대한 욕구가 큼.

2. 금융사기 피해를 입기 가장 쉬운 사람은?

50대 후반 기혼자, 자신의 판단과 금융지식이 평균 이상이라고 생각하는 낙관적인 성격의 소유자, 새로운 생각이나 판매선전에 귀가 솔깃한 사람, 최근에 건강 또는 금융상 어려움을 겪은 사람.

자료: 미국투자자교육재단(FINRA)

특히 최근에는 은퇴자만을 타깃으로 하는 전문 사기범들이 기승을 부린다고 하니 주의해야 한다. 고령의 은퇴자들은 상대적으로 퇴직금과 같은 현금자산을 많이 가지고 있으면서도 금융시장 변화에는 어두워 표적이 되기 쉽다.

흥부전 이야기는 흥부가 거지꼴로 찾아온 놀부를 따뜻하게 받아주고, 놀부의 사과로 형제가 화해하며 해피엔딩으로 끝을 맺는다. 그렇다면 흥부는 어떠한 노후를 보냈을까? 아마도 그는 슬하의 많은 자식들에게 지극한 봉양을 받게 될 테니, 조선팔도 누구 부럽지 않게 행복한 여생을 보냈을 것으로 짐작된다. 자식들의 부모 봉양에 대한 인식이 퇴색해가고, 부모 스스로도 자식에게 짐이 되기 싫어하는 각박해진 우리네 현실을 돌아보면, 자식들로부터 공경과 보살핌을 받으며 행복한 여생을 보냈을 흥부가 자못 부럽다는 생각을 하게 된다.

06
은퇴한 왕 '정종'의 노후는 어땠을까

　조선 시대 왕도 은퇴를 했을까? 생애 중 왕위를 이양하고 은퇴한 왕은 상왕(上王)이라고 불렸는데, 조선 시대 상왕은 여섯 명에 불과했다. 이는 대부분 불가피한 권력 다툼의 결과였으나, 은퇴 후 19년간이나 생존하며 노후를 오래도록 즐긴 왕이 있었으니 바로 조선의 2대 왕인 정종이다. 그는 왕위에 오른 지 2년여 만에 태종에게 왕위를 양위해 업적 면에서는 높은 평가를 받지 못했지만, 63세까지 살아 평균수명 46세에 불과했던 조선의 왕들 중 다섯 번째로 장수했다. 왕보다 상왕으로서의 삶이 훨씬 더 길었던 정종의 인생에서 3가지 행복한 은퇴의 포인트를 짚어보았다.

부부금슬은 행복한 노후의 지름길이다

조선 왕릉 중 유일하게 북한에 위치한 정종의 후릉은 조선 최초로 왕과 왕비의 봉분이 난간석으로 서로 연결되어 있는 쌍릉 형식이다. 이러한 후릉의 모습처럼 정종과 정실부인인 정안왕후의 사이는 매우 좋았다고 한다. 둘 사이에서 비록 후사는 없었지만, 왕위를 이양하는 문제에 대해 함께 의논하기도 하였으며 왕후도 57세의 나이로 장수해 정종과 긴 노후를 함께 보냈다.

노후생활에 있어 배우자의 중요성이 점점 부각되고 있다. 통계청에서 조사한 부모와 자녀의 동거 비율은 1998년 54.6%에서 2014년 31.4%로 크게 감소해 은퇴 후 부부 단둘이 사는 가구가 늘어나고 있다. 가장 좋은 친구로서 여생을 함께 할 배우자와의 관계는 행복한 노후의 기본이다. 은퇴 전 부부가 회사 일이나 가사, 자녀 교육 등 각자의 역할에 충실했다면 은퇴 후에는 동일한 입장에 놓이게 된다. 이때 초기 혼란과 의견 충돌을 피하기 위해서는 은퇴 전부터 관계 정립에 함께 노력해야 한다. 가장 중요한 것은 역지사지(易地思之)의 마음으로 크고 작은 가정사에 대해 자주 대화를 나누는 것이며, 서로를 배려하는 마음을 갖는 것이다. 여기에 만약 같은 취미를 공유한다면 금상첨화가 될 것이다.

부모자녀 동거 비율 추이

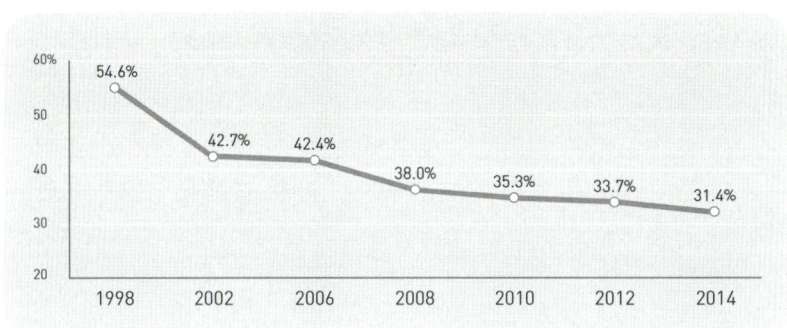

자료: 통계청

액티브 시니어, 적극적으로 여가를 즐겨라

조선왕조실록 정종실록에는 정종이 말을 타고 채로 공을 치는 활동적 스포츠인 격구(擊毬)를 즐겼다는 기록이 여러 차례 남아 있다. 정종이 재위한 나이는 40대로 조선시대 당시 적은 나이가 아니었지만, 젊을 적 무관으로 활동한 바 있는 그는 꾸준한 격구를 통해 건강을 챙겼다. 또 사냥, 온천, 연회 등을 즐기며 여유로운 노후를 보내기도 했다.

최근 적극적인 여가를 즐기는 노년층이 많아지고 있다. 은퇴 이후에도 소비생활과 여가생활을 즐기며 사회활동에 적극적으로 참여하는 '액티브 시니어(active senior)'가 대표적이다. 이러한 변화의 원인은 과거에 비해 건강한 60대 이상의 체력, 다양해진 여가거리, 소모임 문화의 발달 등도 있지만, 젊을 때부터 즐겨온 취미를 은퇴 후에도 꾸준히 즐기는 모습에서도 찾을 수 있다.

1만 시간, 하루 3시간 기준으로 9년을 투자하면 누구나 한 분야의 전문가가 될 수 있다는 말이 있다. 60세에 정년퇴직했다고 가정하더라도 앞으로 기대여명 24년이라는 긴 시간이 기다리고 있으며, 이는 충분히 한 분야의 전문가가 될 수 있는 시간이다. TV 시청이나 휴식처럼 몸을 쉬게 하는 취미도 좋지만, 친구와 건강, 재미를 모두 챙길 수 있는 적극적인 여가를 도전하기에 아직 늦지 않았다.

가족 분란 막으려면 승계와 상속은 미리 준비해야 한다

정종의 아버지이자 조선 왕조를 세운 태조의 가장 큰 실책은 주위의 반대에도 불구하고 후처 소생인 여덟째 아들 의안대군을 세자로 책봉한 것이었다. 이에 불복한 대군들의 반발로 왕자의 난이 발생하여 대군 간 살육이 벌어졌기 때문이다. 이후 사망한

적자 다음으로 서열이 높은 둘째 영안대군이 조선의 제2대 왕인 정종이 되었는데, 이때도 왕자의 난을 이끈 동생 정안대군 방원이 실질적인 권력을 행사하였다. 결국 정종은 특별한 업적 없이 2년여 만에 정안대군에게 스스로 왕위를 물려주고 안분지족의 삶을 선택한다. 왕위를 물려받은 태종은 형인 상왕 정종을 경계하기보다 곁에 두고 예우하며 말년 말동무로 삼았다고 한다.

한 기업의 후계자가 미리 결정되지 않거나 상속 분쟁 이슈가 있는 경우에는 기껏 일궈놓은 기업의 미래가 오히려 불투명해질 수도 있다. 창업주가 은퇴를 고려하는 시점에 CEO는 자신의 은퇴가 큰 마찰 없이 이루어지고, 이후 기업이 지속적으로 성장하기를 기대한다. 따라서 성공적인 가업승계를 위해서는 자신이 경영에서 물러나는 시점을 결정하고 후계자를 지정하여 미리 사업에 합류시키는 등 경영의 지속성을 확보할 필요가 있다. 이외에도 절세 대책, 정관 정립과 경영진 정비 등 해결해야 할 문제가 많은 것은 물론이다.

또한 승계를 마친 이후에는 진정한 의미의 은퇴를 할 필요가 있다. 은퇴는 한자로 '숨을 은(隱)', '물러날 퇴(退)'를 써 자신의 역할을 완수한 이후에는 전 직장에서의 권

가업승계 계획 수립 과정

1 은퇴 시기 결정 및 승계 유형 선택
2 현황 파악
3 후계자 선정 및 교육
4 이해관계자 대책 수립
5 재산분배 계획 수립
6 지속 가능한 기업으로 체제 정비
7 은퇴 계획

자료: 중소기업중앙회 가업승계지원센터

리와 의무를 내려놓고 물러난다는 의미를 담고 있다. 왕조 초기 불안정한 정황 속에서도 왕위 이양 후 편안히 천수를 누리다 간 정종처럼 이전까지의 삶에 매듭을 짓고 노후의 삶을 새롭게 다시 시작하는 것은 어떨까.

• 스마트 은퇴스토리 •
100세 시대 헬스 푸어 막으려면

우리나라의 평균수명은 82.4세, 건강수명은 70.7세로 나이가 들면 최소 10년 이상 병치레를 하며 살아가야 한다. 특히 한 사회에서 가장 많이 사망하는 연령으로 최빈사망연령 90세 이상인 사회는 100세 시대라고 볼 수 있는데 현재 우리나라

노후생활 가운데 10년 이상은 병치레 기간

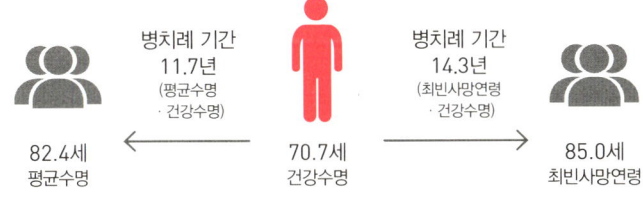

*평균수명: 0세인 사람이 평균 몇 세까지 살 수 있을 것이라는 기대치, 즉 0세의 평균여명
*건강수명: 전체 평균수명에서 질병이나 부상으로 고통받는 기간을 제외하고 건강한 삶을 유지하는 기간

자료: 보건사회연구원(2011), 통계청(2014), 경제인문사회연구원(2011)

최빈사망연령이 85세인 점을 고려할 때 병치레 기간은 훨씬 늘어날 가능성이 높다.

평균수명까지 생존할 경우 10명 중 3~4명은 암에 걸린다는데, 수천만 원에 달하는 병원비를 감당하기도 만만치 않고 치매까지 걸릴까봐 두렵기도 하다. 막막한 노후, 질병과 실제 소요되는 의료비를 살펴보고 어떻게 하면 건강한 노후를 맞이할 수 있을지 알아보자.

장수 시대, 건강수명을 늘려라

건강수명이란 전체 평균수명에서 질병이나 부상으로 고통 받는 기간을 제외하고 건강한 삶을 유지하는 기간을 말한다. OECD 자료에 따르면 OECD 34개 회원국 중 일본과 한국만이 본인의 건강 상태가 양호하다고 생각하는 비율이 40% 미만인 것으로 나타나 다른 국가와 큰 격차를 보이고 있다. 반면 뉴질랜드, 캐나다 등은 10명 중 9명 가까이가 본인이 건강하다고 답한 것으로 나타났다. 우리나라 국민의 건강 상태에 대한 자신감이 상당히 낮다는 것을 보여주고 있는 것이다.

구체적으로 살펴보면 우리나라 사람들이 가장 많이 입원하는 질병으로 디스크, 폐렴, 백내장 등이 있으며 고령자(65세 이상)의 경우 치매로 인한 장기 입원과 암으로 인한 통원 치료가 많아지고 장기 입원이 증가하는 것 등이 원인이 되는 것으로 조사되었다.

특히 치매의 경우 보건복지부 추계에 따르면 고령화의 영향으로 치매 유병률이 지속적으로 확대되는 가운데 65세 이상 노인치매 유병률은 2013년 9.39%에서 2050년이면 15.06%까지 상승할 것으로 예상되며 현재 약 60만 명에서 20년마다 2배씩 증가할 것으로 추산되고 있다.

치매는 초기 단계에서는 대부분 기억력 장애 정도만 나타나기 때문에 노인성 건망증과 구분하기가 매우 어렵다. 치매가 아니더라도 사람이 나이가 들면 뇌세포의 수가 줄어들면서 인지 기능이 떨어지기 때문이다. 그러나 건망증은 차근차근

한국인과 고령자가 가장 많이 입원하는 질병

한국인이 가장 많이 입원하는 질병

순위	질병	순위	질병
1위	디스크	6위	뇌경색
2위	폐렴	7위	맹장염
3위	백내장	8위	기타 척추병증
4위	장염	9위	어깨 병변
5위	치핵	10위	무릎관절

고령자의 장기 입·통원 기간

순위	입원 (일)	통원 (일)
1	치매 (70)	암 (12)
2	순환기 질환 (31)	상해사고 (10)
3	신경계통 질환 (31)	근골격계 질환 (8)
4	내분비 대사 질환 (25)	신경계통 질환 (7)
5	상해사고 (24)	순환기 질환 (6)

자료: 건강보험공단, 보험개발원(2014)

치매 환자 실태와 연간 의료비 비교

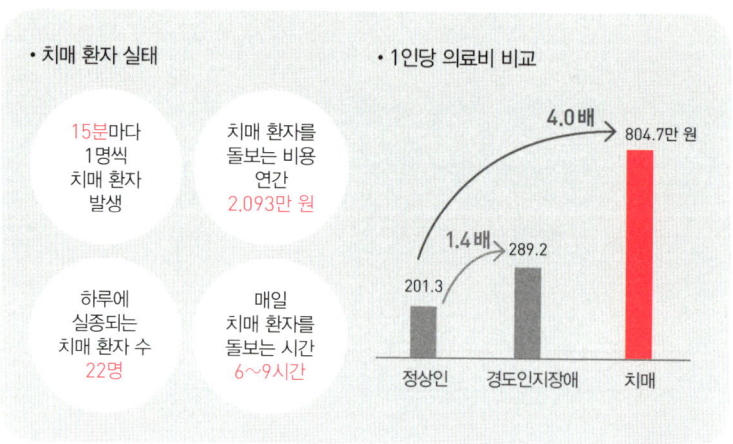

자료: 분당서울대병원 치매노인실태조사(2011), 보건복지부, 중앙치매센터(2014)

*1인당 의료비 기준: 건강보험과 의료급여의 가중평균값으로 산출
*경도인지장애: 기억력과 인지 기능이 현저히 저하해 생활에 차질을 초래하지 않는 치매 전 임상단계
*치매: 기억력과 인지 기능 감퇴로 일상생활에 현저한 차질 초래

생각을 더듬어보면 다시 기억해낼 수 있지만 치매에 걸리면 기억력뿐만 아니라 아예 인지 기능 전체가 저하된다는 점이 다르다.

치매 환자의 1인당 연간 의료비는 약 804만 원으로 정상인의 4배 정도가 들어간다. 여기다 치매 환자를 돌보는 시간은 매일 6~9시간으로 치매 환자를 돌보는 사회적 비용을 고려하면 연간 비용이 2,096만 원에 달하고 있어 국가적 관리가 필요한 질병이라 할 수 있다.

고령자 의료비 지출을 통제하라

나이가 들수록 진료비는 급격히 상승한다. 2013년 기준으로 건강보험 적용 인구 전체의 1인당 월평균 진료비는 8만 5천 원인 반면 65세 이상은 26만 원까지 올라간다. 특히 60대 17만 원, 70대 27만 원, 80대 37.5만 원 등 은퇴 후 나이가 들수록 진료비가 급격히 오른다. 이에 따라 65세 이후에 생애 의료비의 절반 이상이 소모되는 것이다.

한국보건산업진흥원에 따르면 남자는 65세 이후 생애 의료비의 50.5%를 여자는 55.5%를 사용한다고 한다. 평균수명을 고려하면 남자는 약 13년간, 여자는 약 20년간 의료비가 폭발적으로 증가한다고 볼 수 있다. 여기에 건강보험이 적용되

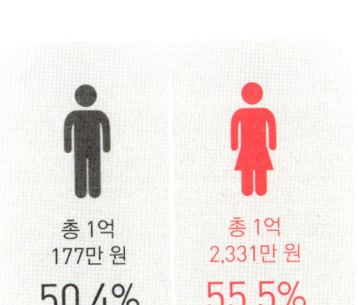

생애주기 남녀 의료 비용 비교
자료: 한국보건진흥원

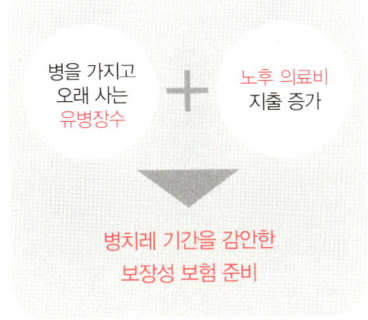

유병장수 시대와 보험
자료: 한화생명 보험연구소

지 않는 검사 비용이나 처치 비용, 요양 비용 등을 고려한다면 실제 노후 의료비는 더 커질 수밖에 없다. 특히 치료에 목돈이 쓰일 수 있는 암 등 치명적 질병에 대비해 CI보험에 가입하거나 실손의료보험으로 노후의 경제적 부담을 줄일 필요가 있으며 소득 단절 시기에 급증하는 의료비 충당을 위해서는 경제활동 시기에 미리 충분한 보장자산을 확보해두어야 한다.

하지만 60세 이상 고령자의 실손보험 가입률이 다른 연령에 비해 매우 저조하고, 특히 노후 대비 상품인 연금, CI보다 보험료가 저렴한 상해보험 위주로 가입하고 있어 노후 대비에 적절한 보험포트폴리오 구성이 시급한 것으로 나타났다.

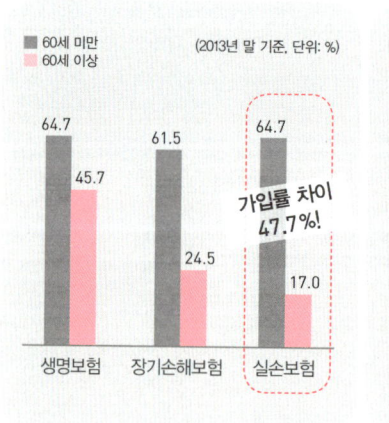

연령대별 보험상품별 가입률

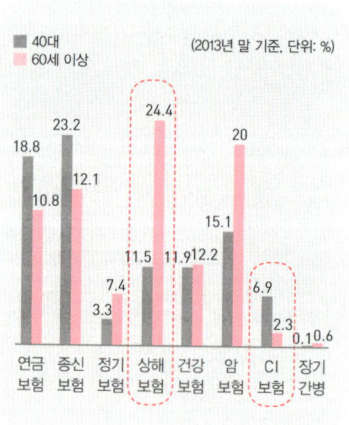

생명보험 상품별 보유 비중

자료: 보험개발원(2015)

즐거운 노후는 건강관리부터, 치매 예방 10계명

연령별 건강관리 기본 수칙을 간단히 정리해보면 다음과 같다.

- 20~30대: 건강에 대한 과신은 금물
    1. 건강한 식습관 형성: 무리한 다이어트와 불규칙한 식사 피하기
    2. 생활 속 운동 습관: 점심시간을 활용하여 가벼운 산책(유산소 운동), 가까운 곳은 걸어 다니고 계단 이용하기
    3. 일이나 모임을 핑계로 과음하거나 밤을 새지 않기

- 40~50대: 본격적인 질병 예방
    1. 저염식, 저열량 위주의 건강한 식습관과 꾸준한 운동
    2. 정기적인 건강검진: 가족력이나 본인의 건강을 고려해 성인병과 주요 질환에 대비
    3. 특히 정신 건강에 유의: 갱년기나 퇴직으로 인한 우울증 가능성
    4. 남성은 금주·금연, 여성은 칼슘 섭취

- 60대 이상: 즐거운 마음
    1. 무리하지 않는 선에서 꾸준한 운동

2. 다양한 모임이나 취미생활로 인적 교류하기

3. 귀찮고, 불편해도 고독·무위와 거리 두기

나이 들어 가장 무서운 질병이라 할 수 있는 치매의 경우 조기에 발견해 적절히 관리하면 병의 진행을 방지하거나 지연시킬 수 있다. 본인의 건망증이 평소보다 심해졌다고 판단되면 가까운 병원을 찾아 기억력, 언어능력, 시공간 지각능력, 판단력 등을 종합적으로 측정하는 신경심리검사를 받아보는 것이 좋다. 또한 병원을 찾기가 부담스럽다면 보건복지부가 운영하고 있는 치매 상담 콜센터(1899-9988)를 통해 전화로 쉽게 치매 관련 상담을 받을 수 있다.

〈치매 예방 10계명〉

1. 손과 입을 바쁘게 움직여라
2. 머리를 써라
3. 담배는 당신의 뇌도 태운다
4. 과도한 음주는 당신의 뇌를 삼킨다
5. 건강한 식습관이 건강한 뇌를 만든다
6. 몸을 움직여야 뇌도 건강하다
7. 사람들과 만나고 어울리자
8. 치매가 의심되면 보건소에 가자

9. 가능한 한 빨리 치료하자

10. 치매 치료, 관리를 꾸준히 하자

자료: 보건복지부

part 3

멋지게
나이
드는 법

01
행복한 은퇴 '인생 5計' 안에 있다

고대 로마의 정치가 겸 저술가 키케로는 《노년의 관하여》라는 저서에서 사람의 인생은 유년기의 연약함, 청년기의 격렬함, 중년기의 장중함을 거쳐 오랜 항해 뒤 마침내 항구에 들어서는 배처럼, 노년에는 인생의 원숙함이 자연스럽게 풍겨난다고 하였다. 하지만 실제로 사람들은 나이가 들어가면서 특히 은퇴 시점이 다가올수록 다음과 같은 심경의 변화가 진행된다고 한다. 은퇴를 앞둔 10여 년 전에는 은퇴 후 삶에 대한 막연한 꿈 그리고 상상을 가지게 되지만 은퇴 시점 전후 1~2년 사이에는 우울과 분노를 표출하고 결국은 현재의 삶을 그냥 수용해버리게 된다는 것이다. 특히 남성의 경우 그간 돈을 버는 경제적 주체이다가 은퇴와 함께 경제적 주체로서의 존재감이 사라지게 되면서 은퇴 후 받게 되는 스트레스는 돈, 시간, 건강, 관계 면에서 급격히 증가하게 된다. 그럼 현명하고 지혜로운 노후의 삶은 어떤 것일까? 중국 송나라 학자 주신중(朱新仲)이 얘기하는 '인생 5계'를 통해 현명하고 지혜로운 노년의 삶이 무엇인지 살펴보자.

생계(生計), 무슨 일을 하며 살아갈 것인가

은퇴 후 나는 무슨 일을 하면서 살아갈 것인가에 대한 계획이다. 우리나라는 전체 고용 인구 가운데 자영업자 비중이 28.2%로 터키, 그리스, 멕시코에 이어 4위이며, GDP 대비 사업체 수 비율도 매우 높아 소규모 사업체가 넘쳐나고 있다. 특히 자영업자 수는 전반적으로 감소 추세지만 50~60대 이상 중·고령층의 자영업자 비중은 꾸준히 늘어나고 있다.

더구나 생계형 창업 비중이 세계 최고 수준(63%)이면서 동종 업종 간 경쟁으로 인해 소득 또한 감소하고 있어 중·고령층 창업자의 노후의 삶이 여전히 고달픈 것으로 나타났다.

최근에 창업을 넘어 창직(創職)이라는 말이 회자되고 있다. 이는 자신만의 창의적 아이디어와 활동을 통해 새로운 직업을 만들고, 스스로 일자리를 창출해 노동시장에 진입하는 것을 말한다. 요즘처럼 청년은 물론이거니와 중·장년층조차 일자리 부족으로 힘든 시기에 '창직'은 충분히 고려할 만한 가치가 있고 가슴 설레는 구직 방법일 수 있다. 지금부터 자신만의 경력관리가 필요하지 않을까?

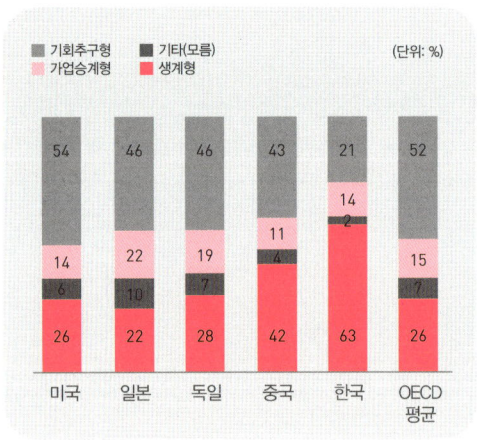

OECD 회원국 창업유형 현황

자료: OECD(2014)

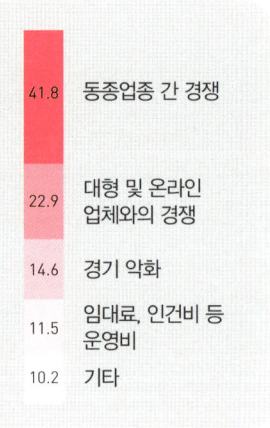

자영업자 소득 감소 원인

자료: 현대경제연구원(2014)

신계(身計), 병치레에 대비하자

우리는 나이가 들면 최소 10년 이상 병치레를 하며 살아가야 한다. 현재 우리나라 최빈사망연령이 85세이니 그 기간은 더 늘어날 것이다. 결국 100세 장수 시대에는 식습관 및 음주, 흡연 등 생활 방식의 변화로 건강수명을 늘려가는 것이 반드시 필요하다.

건강수명 단축시키는 위험 요소와 기간

순위	요소	순위	요소
1위	식습관 (13.4개월)	6위	비만 (5.5)
2위	음주 (11.1)	7위	운동부족 (5.3)
3위	흡연 (9.4)	8위	대기오염 (4.4)
4위	고혈압 (7.1)	9위	스트레스 (2.6)
5위	고혈당 (6.5)		

자료: 미국의 워싱턴대 건강측정 평가연구소

노계(老計), 경제적으로 당당하게 자립하라

어떻게 하면 가족과 자식들에게 민폐를 끼치지 않고 당당한 노후를 보낼 것인가에 대한 계획이 중요하다. 지난 9월에 UN 산하단체 Help Age에서는 '세계노인복지지표'를 발표한 바 있다. 이번 조사에서 우리나라는 '소득보장 부문'에서 96개 조사 대상국 중 82위로 최하위권에 그쳐 노후 소득 부문이 매우 열악한 상황인 것으로 나타났으며 이 부문은 아시아 주변국 태국, 베트남, 중국보다도 낮은 수준이다. 은퇴 후에는 많은 금액이 아닐지라도 안정된 현금흐름(Cash Flow)을 만들어내는 것이 중요하다. 정해진 날짜에 정해진 금액이 죽을 때까지 나오는 내 몸에 맞는 시스템을 구축해야 한다. 장성한 자녀가 독립해서 잘 살아주는 것이 부모에게 최고의 선물이 듯이, 은퇴한 부모가 자녀에게 해줄 수 있는 최고의 선물은 경제적 자립이기 때문이다.

노인 소득보장 순위

순위	국가	순위	국가
1위	룩셈부르크	14위	영국
2위	노르웨이	29위	미국
3위	프랑스	33위	일본
4위	아이슬란드	36위	멕시코
5위	네덜란드	59위	태국
6위	오스트리아	62위	베트남
7위	스웨덴	75위	중국
8위	우루과이	82위	한국
9위	모리셔스	96위	말라위
10위	캐나다		

자료: HelpAge International, Global Age Watch Index(2015)

가계(家計), 지금부터 가족과 함께하라

최근에는 노후 준비를 개인의 문제가 아닌 가족 차원의 문제로 접근하고 있다. 그리 보지 않는다 하더라도 최소한 부부의 문제일 수 있다. 더욱이 기대수명과 황혼이혼이 늘어나고 특히 은퇴 후 경제적 주체였던 남편의 존재감이 사라지면서 부부 싸움으로 번지기도 한다. 결국 은퇴 문제는 남편과 아내가 머리를 맞대고 고민할 가장 큰 숙제인 것이다. 배우자, 자녀와의 관계는 은퇴가 임박해서 벼락치기로 준비한다고 해서 준비가 될 수 있는 것이 아니다. 바쁜 일상이지만 가족들과 저녁 식사를 함께 하거나 같이 여행을 떠나는 등 소박한 가족 버킷 리스트를 작성해보면 어떨까?

사계(死計), 어떻게 떠날 것인가

은퇴 후 긴 인생을 살아가면서 나는 가족에게 어떤 모습을 남기고 떠날 것인가에 대한 계획도 필요하다. 고령화가 빠르게 진행되면서 나타나는 현상 중 하나가 老老상속과 부모 부양에 대한 문제다. 부모를 부양하는 것이 너무나 당연해 보이지만 부양을 조건으로 자식에게 재산을 이전해주는 웃지 못할 현실이 지금 발생하고 있다. 조부모가 손자녀에게 물려주는 세대생략증여(상속세를 줄이기 위한 방편으로 부모가 자식에게 곧바로 재산을 상속하지 않고 조부모나 증조부모가 손자나 증손자에게 재산을 상속하는 것) 등 자산이전에 대한 계획이 필요하다.

02 어모털 族이 최고다

　인생은 종종 스포츠에 비유된다. 그중에서도 야구는 경기의 말미인 9회말 2아웃에 역전을 이뤄내며 승부를 뒤집을 수 있다는 점에서 한 치 앞도 종잡을 수 없는 우리의 인생사를 대변하기도 한다. 야구를 소재로 한 영화 〈내 인생의 마지막 변화구〉에서 인생의 황혼기에 들어선 주인공이 다가오는 변화를 두려워하지 않고, 이를 기회로 삼아 슬기롭게 대처해 나가는 지혜를 들여다보자.

나이는 숫자에 불과하다!

영화 속 주인공 거스 로벨(클린트 이스트우드 분)은 미국 프로야구 메이저리그에서 우수 고교 선수를 구단으로 영입하는 스카우터다. 거스는 자신이 선택한 유망주의 뛰어난 활약을 지켜보는 즐거움에 취해 일에 집중했고, 그 결과 고령에도 불구하고 여전히 현역 스카우터로 활동하고 있다. 실제로도 영화 속 거스의 모습처럼 나이를 의식하지 않고 왕성하게 활동하는 사람들인 '어모털족'이 늘어나고 있다.

어모털족이란 생물학적인 나이를 떠나 왕성하게 활동하는 사람을 뜻하는데, 미국 시사주간지 〈타임〉의 유럽 총괄 편집장인 캐서린 메이어가 그녀의 저서 《어모털리티(amortality)》에서 만들어낸 신조어다. 죽음 또는 언젠가는 죽어야 함을 뜻하는 모털리티(mortality)의 반대어로 사용한 것이다. 몇 해 전 우리나라에서 광고 문구로 유명해진 '나이는 숫자에 불과하다'와 일맥상통한다. 무엇보다 어모털족이 바꾼 건 노동과 직업의 개념이다. 어모털족은 평생 현역으로 활동한다. 캐서린 메이어는 "할 수 있는 동안 좋아하는 일을 계속해야 한다."며 대표적인 어모털족으로 70세가 넘어서도 열정적인 공연을 펼치는 록밴드 롤링스톤스의 믹 재거, 죽음의 공포를 피하기 위해 빡빡한 일정을 소화하며 절대로 쉬지 않는 80대 영화제작자 우디 앨런 등을 꼽았다. 또한 책 제목처럼

'뒤늦게 발동 걸린 인생들의 이야기'도 있다. 책 속의 인물들은 단지 나이가 들었다는 이유만으로 젊은 시절 꿈꾸었던 이상을 포기하거나 시간이 주는 불안감과 초조함 속에 좌절하지 않았다. 그들은 50, 60세가 넘은 다소 늦은 나이에도 자신들의 두 번째 인생을 향해 도전을 멈추지 않은 사람들이다. 대표적인 사례는 전 세계 100여 개국에 매장을 갖고 있는 치킨 프랜차이즈의 대명사인 KFC의 창업자 할랜드 샌더스이다. 64세의 나이로 KFC를 창업할 당시 그의 손에는 고작 105달러의 돈밖에 없었다. 개발에 밀려 자신이 운영하던 레스토랑이 문을 닫게 되자, 샌더스는 노후 생활을 위해서 뭔가 하지 않으면 안 되는 상황에 놓이게 된다. 결국 그가 선택한 것은 자신만의 닭튀김 요리법을 팔아보는 일이었다. 샌더스는 튀김 도구를 실은 개조된 트럭을 몰고 미국 전역을 돌아다니기 시작했다. 손자들의 재롱이나 보고 여생을 즐길 나이에 그는 닭튀김 비법을 팔기 위해서 1,008번이나 문전박대를 당했다. 하지만 그는 포기하지 않고 결국 성공했다.

뒤늦게 인생 발동 걸린 또 하나의 사례는 《땡큐! 스타벅스》의 저자인 마이클 게이츠 길이다. 그는 세계적 광고 대행사인 제이 월터 톰슨에 들어가 말단 카피라이터부터 부사장직까지 승승장구한 인물이다. 하지만 54세에 청천벽력 같은 해고 통보를 받는다. 직장을 그만둔 이후 사업 실패와 이혼으로 상당 부분의 재산을 잃은 그가 넋을 잃고 찾아간 곳이 맨해튼의 스타벅스이다. 그

곳에서 그는 흑인 여성 매니저로부터 함께 일해보자는 제안을 받게 된다. 억대 연봉자였던 그가 이제는 64세의 나이에 흑인 여성의 감독을 받으면서 쥐꼬리만 한 시급을 받아야 하는 신분으로 처지를 낮춘다. 하지만 그는 힘들 때마다 '과거는 짧게, 미래는 길게(Less Past, More Future)'라는 주문을 외치며 새로운 인생을 시작하기 위해 신발 끈을 다시 묶는다. 현재 70세를 훌쩍 넘은 마이클 게이츠 길은 뉴욕에 거주하며 스타벅스에서 정규직 직원으로 일하고 있다. 은퇴할 계획이 없다는 그는 다음과 같은 말을 남겼다. "늦깎이가 되십시오. 인생은 9회 말이 최고의 순간이 될 수 있습니다(Late bloomers. The last of your life can be the best)."

당신의 연륜은 사회의 소중한 자산이다

한때 잘나가던 스카우터였던 거스에게도 피할 수 없는 위기가 찾아온다. 바로 나이가 들면서 시력이 급속하게 떨어지는 등 건강이 점차 악화된 것이다. 설상가상으로 거스는 구단으로부터 나이가 많다는 이유로 퇴출될 위기에 처한다. 하지만 거스는 자신을 둘러싼 부정적인 외부 환경을 의연하게 대처해 나간다. "컴퓨터는 선수의 본능이나 경기 읽는 능력을 판단할 수 없어. 오늘 무안타에 그친 선수가 내일 어떤 활약을 할지 컴퓨터로는 알 수 없다고. 훌륭한 스카우터는 직접 현장을 발로 뛰며 관찰해야 해." 나이는 많지만 실력만은 낡지 않은 베테랑이 첨단 분석기법 등을 운운하며 자신을 내몰려는 젊은 동료들에게 던지는 충고이다. 베테랑의 가장 큰 무기는 자신의 분야에서 오랜 기간에 걸쳐 축적된 경험과 노하우다. 우리말로는 고령 인구를 노인이라고 부르지만, 미국에서는 흔히 시니어(senior)라고 부른다. 시니어란 경험이 많고 지혜가 풍부한 사람이라는 의미를 함축한다.

최근 우리나라에서도 고령화와 은퇴에 사회적으로 높은 관심을 보이고 있는 가운데, 고령 인구를 더 이상 사회적 짐이 아닌 소중한 자산으로 인식하고 이들의 활용에 대한 논의가 많아지고 있다. 예를 들어 이라크 재건사업을 위해 힘쓰고 있는 국내 건설회사에서 1980년대 중동 건설 현장을 누비며 한국 경제발전을 이끌었던 5060세대 건설 노장들을 다시 현장으로 불러 모으는 사례를 들 수 있다. 이러한 베테랑들의 귀환은 중장년층에게 재취업의 기회를 제공할 뿐만 아니라 후배들에게 노하우와 지식을 전수할 수 있는 시너지 효과를 기대할 수 있다.

하지만 우리나라에서 소위 '노땅'이라 불리는 고령 인력을 바라보는 시선이 곱지만은 않은 실정이다. 최근 우리나라 기업 내부에서도 인력의 고령화가 이슈로 부각되고 있는데, 특히 인건비 증가와 활력 저하가 기업들의 고민으로 작용하고 있기 때문이다. LG경제연구원은 고령 인력의 성과를 떨어뜨리는 요인으로 7

가지를 지적하며 일을 제대로 못하는 경우(신체·정신적 노화, 실무능력 퇴화), 일을 제대로 안 하는 경우(실무보다 관리 선호, 학습된 무기력, 매너리즘), 일을 시키기 어려운 경우(적합한 직무 없음, 부담스러운 고령 팀원) 등을 주요 원인으로 꼽았다. 결국 기업은 고령 인력의 활용도를 높일 수 있는 방안을 모색하고, 고령 인력 스스로는 익숙한 것에만 의존하려는 자세를 벗어나 새로운 지식과 기술을 배우려는 지속적인 역량 개발 노력이 필요하다. 기업과 개인 모두의 인식 전환과 개선 노력이 함께 양손처럼 마주칠 때 비로소 고령 인력이 그냥 회사에 다닐 뿐인 '인재(人在)'가 아니라 기업을 떠받칠 '인재(人材)'가 될 수 있을 것이다.

내 인생에 '밀퇴'란 없다!

영화의 마지막 부분에서 거스는 자신의 능력을 다시 인정해준 구단에게 재계약을 제안받지만 되레 "좀 더 생각해보겠다."며 큰소리를 친다. 원래 이 영화의 원제는 'Trouble With The Curve', 즉 직구가 아닌 변화구를 대응하는 데는 어려움과 문제가 따르기 마련이라는 뜻을 담고 있다. 자신이 좋아하는 직구가 오기만을 기다려서는 안 된다. 방향을 예측하기 힘든 변화구 앞에서도 용기를 내어 지금까지와는 다른 자세를 취해야만 원하는 결과를 얻어낼 수 있다는 것이다.

한국 프로야구 한화 이글스팀의 '돌아온 야신(野神)' 김성근 감독은 고양원더스 감독 시절 한 언론사 인터뷰에서 '밀퇴(밀려서 하는 은퇴)'라는 표현을 언급했다. 저성장 시대에 기업의 구조조정이 일반화된 경영 환경에서 밀퇴는 누구나 한 번쯤 겪을 수 있는 삶의 변화 중 하나이다. 하지만 변화의 또 다른 이름은 기회다. 삶에서 변화라는 이름으로 찾아오는 소중한 기회를 포착해 자신만의 방법으로 돌파해 나가는 용기와 열정이 필요하다. 기회를 잡기 위한 가장 효과적인 방법 중 하나는 배움이다. 배움의 길에서 나이는 숫자에 불과한 사례도 쉽게 찾아볼 수 있다. 레오나르도 다빈치가 라틴어와 그리스 고전을 배우기 위해서 그 언어들을 독학으로 공부하기 시작했을 때 그의 나이는 40세 이후였다. 고대 로마의 정치인 카토는 고대 그리스 원전을 직접 읽어보기 위해서 80세 나이에 그리스어 공부를 시작했다고 《플루타르크 영웅전》은 기록하고 있다. 그들에게 배움은 끝이 없었고, 그 배움의 길에서 늙을 시간조차 없었다. 그들은 꿈을 위해서 삶에 대한 열정을 포기하지 않았고, 새로운 것에 대한 호기심과 배움에 대한 열정으로 가슴 뛰는 두 번째 인생을 시작했다. 또한 나이를 잊고 새로운 것을 배우는 일에서 즐거움을 찾았다.

하지만 우리나라는 고령자의 노동 참여율이 높음에도 불구하고 조기은퇴 또는 정년 이후 제2의 인생설계를 위한 재취업 및 창업 등 생애전환학습 지원 평생교육 체계와 인프라가 아직까지 미흡한 실정이다. 이에 최근 교육부 등 정부에서는 평생교육에 대한 중요성을 인식하고 100세 시대 국가평생학습체계 구축을 위한 다양한 노력을 전개하고 있다. 늙어가는 것은 쇠퇴가 아닌 또 다른 가능성의 시작일 뿐이다. 미국 메이저리그 역사상 가장 위대한 포수 중 한 명인 요기 베라는 '끝날 때까지 끝난 게 아니다(It's not over till it's over)'라는 명언을 남겼다. 늦은 나이라고 포기하지 않고 자신만의 전문성 및 경험과 함께 평생교육으로 '내 인생의 마지막 변화구'를 준비한 중·장년층에게 밀퇴는 없을 것이다.

03

당신은
무엇을 채우고
무엇을 버리겠습니까?

목에 밧줄을 걸어 놓고 발밑의 양동이(bucket)를 걷어차 버린다면…. 생애 최후에 양동이를 걷어차기 전에 하고 싶은 일과 해야 할 일을 미리 적어보는 것을 '버킷 리스트(Bucket List)'라고 한다. 〈버킷 리스트〉는 2006년 초로의 삶에 접어든 할리우드 최고의 동갑내기 배우인 모건 프리먼과 잭 니콜슨이 6개월 시한부 선고를 받은 두 노인의 마지막 인생을 그린 작품이다.

평생을 자동차 밑에서 수리공으로 살아온 카터 챔버스(모건 프리먼 분)와 재벌 사업가인 에드워드 콜(잭 니콜슨 분)은 우연히 중환자실에서 만난다. 카터의 어릴 적 꿈은 역사 교수가 되는 것이었지만, 가장으로서의 책임감과 흑인이란 이유로 포기하고 TV 퀴즈 쇼를 보면서 위안을 삼고 산다. 반대로, 에드워드는 자수성가하여 전용 비행기까지 갖게 되었지만 세 번의 결혼에 실패하고 딸에게조차 잊혀진 사람 취급을 당하며, 성공한 만큼 외로움의 빈자리도 큰 사람이다. 이 두 사람이 중환자실에서 만나 친구가 되어 버킷 리스트를 적고 병원을 뛰쳐나가 스카이다이빙하기, 문신하기, 아프리카 초원에서 사냥하기, 세상에서 가장 아름다운 사람과 키스하기, 모르는 사람 도와주기, 눈물이 날 때까지 웃어보기 등 3개월 동안 흥미진진한 나날을 보낸다.

인생 1막 2장을 위한 나만의 버킷 리스트

소득 수준의 향상과 의학 기술 등의 발달로 우리나라의 평균수명은 1950년 이후 1년에 평균 0.53세씩 증가하고 있다. 통계청의 '장래인구추계'에 의하면 2050년 우리나라의 평균수명은 87.4세(남 85.1세, 여 89.3세)로 100년 전보다 40세가 늘어난다고 한다. 불과 20년 전만 해도 평균수명은 70세 정도여서 은퇴 후의 생활을 크게 걱정하지 않아도 되었다. 그러나 인생 100세 시대가 현실로 다가 오면서 무려 30~40년의 은퇴 후 무소득 기간이 기다리고 있다.

나날이 늘어나고 있는 은퇴 이후의 기간을 두려워하기보다는 보다 긍정적인 마인드로 차분하게 준비해야 한다. 은퇴까지 아직 시간이 남아 있다면 양동이 안에 무엇을 담아갈 것인지, 이미 은퇴를 했다면 지금부터 어떤 것을 담아야 할지 스스로 적어보고 하나씩 실천해가는 것이다.

은퇴 전후 꼭 준비해야 할 버킷 L-I-S-T

Leisure, 현역 시절에 은퇴 후에도 계속 즐길 나만의 취미를 2개 이상 만들고, 그것을 함께할 친구도 만들자. 인생의 영원한 동반자인 배우자와 함께할 수 있는 등산, 여행, 배드민턴, 탁구 등 가벼운 스포츠라면 베스트이다.

Insurance, 보험으로 은퇴 전후의 안전장치를 확실히 만들어 놓아야 한다. 은퇴 전 30~40대의 왕성한 경제활동기에는 가장의 만일의 사고를 대비한 종신보험이나 CI, 실손보험을 준비하고, 은퇴 이후를 위해서는 국민연금을 기본으로 근로기간 동안 세제혜택을 받을 수 있는 연금저축과 10년 이상 유지할 경우 이자소득세가 면제되는 개인연금을 추천한다.

Safe Asset, 은퇴 후 노후자금 관리는 무엇보다도 안전하게 운용하는 것이 최고이다. 초저금리 시대에 연간 7~10%의 고수익을 보장한다는 달콤한 유혹은 금융사기라고 의심하면 맞을 것이다. 무리한 욕심을 내지 말고, 믿을 만한 금융기관에서 추천하는 원금보장형 펀드에 은퇴자산의 일정 부분을 운용하여 장기 수익성도 노려볼 만하다. 퇴직금은 자식이 보는 순간 내 은퇴자금이 아니라는 것도 명심해야 할 것이다.

　Travel, 현역 시절 열심히 일한 당신 노후를 즐겨라. "노세 노세 젊어서 노세!"라는 말은 늙어지면 체력이 떨어지고 경제력이 없었던 시절의 말이다. 이제는 나이가 들수록 연금이 나오고, 시간도 남는다. 저출산의 영향으로 돌봐줄 손주도 줄어들었다. 한 살이라도 젊을 때 부부가 함께 매년 즐거운 여행 계획을 세우는 것만으로도 남은 인생의 절반을 행복하게 보낼 수 있을 것이다.

　영화 〈버킷 리스트〉의 마지막 장면에서 카터는 가족의 품으로 돌아가 행복한 저녁 식사를 한 후 침실에서 아내와 농담을 주고받다가 쓰러져 병원으로 실려 간다. 에드워드는 카터의 장례식에 참석하여 고별사를 낭독하고, 친구의 유언이기도 했던 버킷 리스트를 달성하기 위해 기부를 결심하고 딸의 집을 찾아가 세상에서 가장 아름다운 손녀와 키스를 한다.

　은퇴 이후 삶에 있어서도 역시 소중한 것은 끊임없이 보이지 않는 힘과 용기를 주는 친구와 가족이 아닐까 한다. 그리고 여유가 있다면 자신이 가진 재물과 재능을 이웃과 함께 나누며 살자.

최근 우리나라의 전통적 가족 구조는 급격하게 무너지고 있다. 통계청의 자료에 의하면 전체 가구에서 1~2인 가구가 차지하는 비중이 2000년 35%에서 2030년에 65.7%로 급증하는 반면, 2~3세대 가구 비중은 2000년 68.9%에서 2030년 42.0%로 급감할 것으로 예상된다. 〈버킷 리스트〉를 통해 다시 한 번 가족과 나눔의 소중함을 느끼며, 모두가 행복한 공동체를 만들기 위해 개인과 사회, 정부가 여러 분야에서 함께 노력해야 할 시점이다.

'乙'로 성공하는 은퇴전략

김순경, 전과자, 김건강, 김이상, 엄청난, 도우미, 주범인, 김혼수, 왕재수, 유치장, 조사중…. 몇 년 전 인기리 종영된 KBS 드라마 〈수상한 삼형제〉에 등장한 인물들의 재미난 이름들이다. 이 드라마는 독특한 성격을 지닌 삼형제의 삶과 사랑을 다루고 있지만, 한편으로는 경찰공무원으로 살아온 가부장적인 아버지 김순경의 퇴직 후의 삶이 우리네 부모님의 삶을 조명하고 있다. 드라마 〈수상한 삼형제〉를 통해 퇴직 후의 삶에 대한 키워드를 살펴보도록 하자.

高수익율에 흔들리지 마라

드라마에서 평생 경찰로 살아온 아버지 김순경은 갑작스런 퇴직으로 새로운 일을 찾게 되고 프랜차이즈 창업사기로 퇴직금을 날린다. 그럴듯한 창업 아이템 및 고수익을 내세우며 지나치게 수익보장을 강조하는 투자는 일단 사기라고 보고 주의해야 한다. '세상에 공짜는 없다'라는 말이 있는 것처럼 투자에 따른 위험 없이 고수익만을 보장해주는 것은 없음을 다시 한 번 되새겨봐야 할 것이다. 하지만 개인적으로 투자해볼 가치가 있다고 판단되는 경우에는 사업계획서 또는 관련 근거자료를 문서로 받아서 다른 전문가의 도움을 반드시 구해야 한다.

금융사기를 예방할 수 있는 10가지 지침

1. 권유자가 전문 자격을 가지고 있는지 확인한다.
2. 모든 서류는 본인이 직접 작성한다.
3. 금융종사자가 제공하는 보고서가 아닌 금융기관의 보고서를 받는다.
4. 금융종사자의 개인 계좌로 송금하라는 요구에 응하지 말아야 한다.
5. 고객의 어려움을 악용하는 사람이 있다(배우자의 사망, 이혼소송 등).
6. 장점만 있는 금융투자상품은 없다(세상에 공짜는 없다).
7. 금융사기꾼이 노리는 것은 높은 수익률에 쉽게 흔들리는 고객의 마음이다.
8. 전화, 문자메시지, 이메일 또는 신문광고의 유혹을 조심한다(마감임박).
9. 보이스피싱 등 전화를 이용한 금융사기를 조심한다.
10. 금융상품의 교체를 자주 권유하는 금융종사자는 일단 의심한다.

자료: 한국FPSB

잘 키운 연금 하나 세 아들 부럽지 않다

드라마에서 세 아들은 각자 개성 있는 인물들이다. 첫째 김건강은 이 집안의 장남으로 부모의 기대를 한 몸에 받고 자랐으나 번번이 기대를 저버림으로써 못난 자식으로 전락한다. 둘째 김현찰은 못난 장남 대신 일찌감치 사회에 나가 성공하며 집안의 장남 노릇을 하지만, 장남한테만 쏠려 있는 부모님의 사랑을 받고 싶어서 일찍부터 성공하는 게 인생 최대의 목표가 됐다. 셋째 김이상은 경찰집안의 맥을 잇게 해준 믿음직한 막내아들이다. 하지만 이들에게도 아버지의 갑작스런 퇴직은 걱정으로 다가온다. 어머니가 아들 셋을 모아 놓고 이제부터 부모에게 한 달에 얼마씩 용돈을 보내라고 하자 마음이 흔들리는 삼형제. 부모님에게 경제적으로 도움을 주고 싶은 마음이야 인지상정이지만 그러지 못하는 자식들의 마음도 이해가 간다.

드라마에서 경찰공무원으로 퇴직한 김순경은 퇴직금을 목돈(일시금)으로 수령했다가 금융사기를 당한다. 하지만 현실에서는 공무원 퇴직자의 경우 대부분 퇴직금을 일시금으로 수령하는 경우보다 연금으로 나누어 수령하는 비율이 높고 그 비율은 2014년 기준 95.5%에 달한다. 저금리 시대와 평균수명 증가에 따른 긴 노후생활의 안정적인 현금흐름을 더 선호했기 때문이지 않을까?

"퇴직금을 자식에게 안 주면 욕먹어 죽고, 찔끔찔끔 주면 쪼들려 죽고, 다 주면 굶어 죽는다."라는 어느 은퇴자의 웃지 못할 말이 회자되고 있다. 노후생활의 마지막 마중물인 퇴직금이야말로 기나긴 노후에 함께하고 의지할 수 있는 유일한 동반자라면 지나친 말일까? 대한민국 60대는 '늙은 거미'가 되어가고 있다는 말이 있다. '늙은 거미'는 새끼 거미가 먹을 것이 없으면 자기 살을 떼어주는 습성이 있다. 청년실업과 자녀들의 비혼(非婚), 만혼(晩婚) 등이 늘어나는 요즈음 노후의 마지막 보루 퇴직금이 자식의 먹이가 되고 있지 않은지 돌아볼 일이다.

공무원의 연금 선택 비율 변화 추이

	일시금 수령	연금 수령
1984	70.9%	29.1%
1994	45.2%	54.8%
2004	9.0%	91.0%
2014	4.5%	95.5%

자료: 공무원 연금공단(2014)

甲의 인생이 아닌 乙의 인생 연습이 필요하다

요즈음 매스컴, 직장, 가정에서 유행하는 단어가 갑과 을에 대한 이야기다. 갑이 을이 되고 을이 갑이 되는 세상이다. 경찰공무원으로 퇴직한 김순경은 무엇을 할까 고민하다 주변의 권유로 법무사 사건 의뢰 브로커가 된다. 옛 동료들에게 일일이 찾아가 소소한 사건을 부탁해보지만 냉담한 동료들의 반응이 서운하기도 하고 민망하기도 하다. 퇴직 후에는 여전히 혼자서 할 수 있는 일이 없다. 집에서는 가부장적인 삶을 살아온 탓에 밥솥 조작 방법을 몰라 부엌에서 식사 한 끼 차려먹기가 힘들다. 집에서 평생 甲의 마음으로 살아왔으니 乙의 마음을 이해해보지 못한 측면이 많을 것이다. 퇴직 후에는 전 직장의 직함을 버려야 한다. 이제는 혼자서 해야 할 일이 더 많아지기 때문이다. 지금부터 乙의 입장에서 인생 연습이 필요하다.

tip
- 은퇴 전 甲의 마음이 아닌 乙의 인생 연습이 필요하다.
- 퇴직금은 반드시 나누고 쪼개어서 수령해야 한다.

05

재취업을 하려거든 7가지만 기억하라

천만 관객을 넘어 역대 관객 동원 상위에 오른 영화 〈7번방의 선물〉. 자폐증 아빠와 딸의 애틋한 이별로 객석을 울음바다로 만든 슬픈 영화이지만, 방장 오달수는 이 영화에 청량제 같은 웃음을 선사해주었다. 전직 밀수범이자 글도 읽을 줄 몰랐으나 사회 지도층인 목사로 재취업에 성공하는 그의 삶을 통해 노후에 찾아온다는 4가지 고통을 한 번에 해결할 수 있는 재취업 성공 키워드를 하나씩 짚어보자.

노후 四苦: 재취업을 통해 해결할 수 있을까?

예로부터 나이가 들면 누구도 피해갈 수 없는 4고(四苦)가 있다고 한다. 즉, 몸과 마음이 아프게 되는 병고(病苦), 경제적 어려움인 빈곤고(貧困苦), 자식의 출가와 배우자와의 사별로 인해 외로움을 겪는 독고(獨苦), 소일거리 없음으로 인한 무위고(無爲苦) 등 4개의 고통이다. 실제로 통계청이 60세 이상 어르신을 대상으로 한 조사에 따르면 노후에 경험하는 어려움으로 1위가 경제적 어려움, 그 뒤로 건강, 소일거리나 직업 없음, 외로움이라고 응답했다고 한다.

얼마 전 OECD는 우리나라의 자살자 수가 2012년 기준 인구 10만 명당 29.1명으로 OECD 평균 12.1명보다 17명이 많은 수치로 10년 연속 자살률 1위라는 결과를 발표하였다. 자살자의 연령별 분포를 보면 우리나라의 65세 이상 자살자 수가 우리나라 평균보다 무려 2.7배가 많은 80.3명으로 가까운 일본이나 스웨덴, 프랑스 등에 비해 3배 이상 높은 노인 자살률을 보였다. 이는 OECD 회원국 중 노인 빈곤율이 가장 높은 현실에서 많은 노인들이 가난과 질병, 고독 등의 고통에 시달리다 결국 자살이라는 극단적인 선택을 취하는 것이 OECD 자살 1위의 원인이라 할 수 있겠다.

빈곤고(貧困苦)는 봉사형 재취업부터 생계형 재취업까지 다양한 구직을 통해 일자리를 얻게 되면 수입이 생겨 어느 정도 해소할 수 있다. 재취업을 하면 규칙적인 식사나 수면 등으로 생활의 리듬과 활력이 생겨 건강 유지에 도움을 준다. 또한 노후의 가장 큰 걱정거리인 치매 예방에도 그 효과가 있다. 얼마 전 프랑스 국립보건의학연구소가 42만 명을 대상으로 추적 조사한 결과 은퇴 시기를 1년 늦출 때마다 치매 발병률이 3%씩 감소한다는 연구 결과를 발표했는데, 65세 은퇴자들의 치매 발병률이 60세 은퇴자들보다 무려 15%나 낮았다고 한다. 그 밖에도 일로 인해 당연히 무위고(無爲苦)가 해결되며, 외로움도 일을 하면서 동료들과 어울림으로 자연적으로 해소가 될 것이다.

재취업 성공 7개 핵심 키워드

그럼 문맹인 밀수범에서 목사로 변신한 오달수로부터 재취업 성공 키워드를 찾아보자.

첫째, 고백하라! 오달수가 어린 예승이의 동화책을 읽어달라는 성화에 결국은 문맹을 고백하는 것처럼 재취업에 대해 가족들과 솔직하게 대화하고 동의를 구해야 한다. 특히 전 직장보다 크게 열악한 곳일수록 꼭 가족들에게 미리 알려 동의를 구하는 것이 좋다. 얼마 전 필자의 아는 선배님이 명예퇴직 후 음식점 주차 유도 요원으로 재취업을 하였는데 가족들에게는 전과 같은 계통의 회사라고만 말했다가 부인의 동창회가 그 음식점에서 열리게 되면서 입장이 난처해진 경우가 있었다. 재취업을 하게 되면 아무래도 예전 직장보다는 근무 여건, 급여 등이 못한 경우가 많기 때문에 미리 가족에게 알리고 동의를 구하는 것이 필요하다.

둘째, 도움을 청하라! 모르는 글자를 배우기 위해 교도소 동료는 물론 예승이에게도 글자를 배우기 위해 도움을 청하는 오달수처럼 공식적인 구직 기관뿐만 아니라 주위 사람들에게도 구직 사실을 알려라. 고용노동부가 주최한 최우수 재취업 성공 수기에 따르면 그들은 구직 기관과 여러 지인들, 심지어는 TV 재도약 프로그램에까지 출연하여 구직 사실을 알리며 재취업에 성공하였다고 한다. 수기는 '가만히 앉아 연락이 오기를 기다린다는 건 직장을 구할 생각이 없는 것과 같다'라고 밝히면서, 끈기 있게 적극적으로 재취업에 도전하면 꼭 성공할 수 있다고 알려준다.

셋째, 자존심을 버려라! 나이 어린 예승이를 스승으로 모시고 한글을 배우는 것처럼 재취업의 걸림돌이 될 학력, 나이, 배경 등은 잊어버리고 인생 초년생의 각오를 가져라. 과거 20~30대 시절 취업 현장에서 가졌던 뭐든지 할 수 있다는 자신감과 패기를 재취업 현장에서 가진다면 재취업의 문턱은 더욱 낮아질 것이다.

넷째, 적극적으로 배워라! 가장 좋은 재취업은 현재까지의 경력을 활용하는 것이지만 현실은 그리 녹록하지 않다. 적극적으로 배우는 자세를 가지고 있는 오달수처럼 현직에 있을 때 자격증을 따거나 스펙을 하나하나 쌓아 놓아라. 2015년 발표된 국가기술자격 취득 통계에 따르면 퇴직 직후인 55세 이후에 자격증을 취득한 사람이 2010년 10,869명에서 2014년 18,361명으로 5년 사이에 1.7배나 증가했다고 한다. 이처럼 나이가 들어서도 스펙 쌓기에 관심이 높아지고 있는데 현직에 있을 때부터 미리미리 준비를 한다면 성공적인 재취업에 한 발짝 더 나아갈 수 있다.

다섯째, 끈기 있게 도전하라! 나이가 들수록 한글을 깨치기 위해 더 많은 노력과 시간을 쏟아 붓는 오달수처럼 넘어져도 다시 일어나는 7전 8기의 자세에서 더 나아가 100번이라도 도전할 각오를 하라. 미국의 어느 인디언 부족은 오랫동안 비가 오지 않으면 기우제를 지내는데 신통하게도 그러면 100% 비가 온다고 한다. 그 비결은 뭘까? 비가 올 때까지 끊이지 않고 계속해 기우제를 지냈기 때문이다. 이런 정신으로 재취업에 도전한다면 100% 성공할 수 있을 것이다.

여섯째, 과거는 잊어라! 밀수범이라는 어두운 과거는 과감히 잊어버리고 목사라는 직업으로 새 출발을 한 것처럼 과거의 직장생활은 깨끗이 잊어버려라. 새 출발 후 금방 일을 그만두는 가장 큰 원인은 '왕년의 내가 이런 일을 하다니'라는 자조 때문이다.

일곱 번째는 소득의 많고 적음을 생각하지 말라는 것이다. 누구나 노년에 겪어야 할 4가지 고통을 한 번에 해결해주는 것이 바로 일 자체다. 은퇴 후 직업의 귀천을 떠나 일할 곳이 있다는 것만으로도 금전으로 환산할 수 없는 그 이상의 축복이기 때문이다.

어디서 구직 정보를 얻을 것인가?

구직 정보는 지역에 특화된 직업소개소, 전국 단위의 구직 정보를 가지고 있는 기업이 제공하는 사적 정보와 국가가 무료로 제공하는 공적 정보로 나눌 수가 있다. 여기서는 비용을 지불해야 하는 사적 정보와 달리 정부가 무료로 정보를 제공하는 대표적인 구직 정보 제공 기관을 소개해본다. 정부가 제공하는 정보는 크게 온라인상으로 정보를 제공하는 워크넷과 오프라인으로 정보를 제공하는 고용노동부 산하 고용센터가 있다. 고용노동부와 한국고용정보원이 운영하는 워크넷(http://www.work.go.kr)은 온라인상 서비스를 제공한다. 구직자와 구인 업체에 대한 정보 제공은 물론 흥미 검사, 사이버 직업 상담, 이력서 작성과 구직 신청까지 할 수 있다. 고용센터는 고용노동부 산하 기관으로 전국을 7개 권역(서울·중부·부산·대구·광주·대전·제주)으로 나누고 각 지역을 88개의 센터에서 담당하고 있다. 전국의 일자리 정보를 오프라인으로 제공한다.

재취업을 준비 중일 때는 고용보험 실업급여도 도움이 된다.

고용보험 실업급여는 고용보험 가입 근로자가 실직해 재취업활동을 하는 기간에 소정의 급여를 지급함으로써 실업으로 인한 생계 불안을 극복하고 생활의 안정을 도와주며 재취업 기회를 지원해주는 제도다. 실업급여는 크게 연령 및 가입 기간에 따라 최소 3개월에서 최대 8개월까지 퇴직 전 평균임금의 50%를 지급하는 구직급여와 조기 재취업을 유도하기 위한 취업촉진수당으로 나눠져 있다. 단, 실업급여는 퇴직 다음 날로부터 12개월이 경과하면 받을 수 없다는 점에 유의해야 한다. 수급 기간이 경과하면 원칙적으로 실업급여가 지급되지 않기 때문에 실직 후 지체 없이 고용센터를 방문해 실업 신고를 해야 한다. 전직이나 자영업을 위해 개인적으로 사표를 쓰거나 공금 횡령 등 본인의 중대한 귀책사유로 해고를 당한 경우가 아니라면 기본적으로 수급 대상이 된다.

취업촉진수당으로는 구직급여가 남은 상태에서 취업을 하면 받게 되는 조기재취업수당, 실업 기간 중 직업안정기관장이 지시한 직업능력개발훈련을 받는 경우 지급되는 직업능력개발수당, 직업안정기관의 소개로 거주지에서 50km 이상 떨어진 회사에 구직활동을 하는 경우 지급되는 광역구직활동비, 취업 또는 직업안정기관장이 지시한 직업능력개발훈련을 받기 위해 그 주거지를 이전하는 경우 받는 이주비 등이 있다. 이외에도 상병급여와 훈련연장, 개별연장, 특별연장 등의 급여가 있다.

06
관상보다 심상, 대박의 유혹에서 벗어나라

"내가 관상으로 우리 집안을 일으켜 세울 것이다!"

영화 〈관상〉은 조선시대 문종 말기를 시대적 배경으로 천재 관상가에 얽힌 이야기를 그린 작품이다. 역적 집안 출신으로 은거하며 살아온 관상가 김내경은 한양에서 찾아온 기생 연홍을 따라 역사의 소용돌이 속으로 뛰어든다. 과연 관상을 한 번 보기만 하면 그 사람의 인생을 알 수 있을까? 정말 그렇다면 노후 준비에 관상을 빼놓을 수 없겠지만, 더 중요한 것은 행동이 아닐까 싶다. 〈관상〉 속 인물들과 함께 행복한 노후를 위한 키워드를 알아보자.

야심에 찬 은퇴자, 철저한 준비만이 살 길이다

영화에서 야심에 찬 이리의 상을 가진 수양대군은 능력은 갖추었지만 왕이 되지 못하는 운명을 탓하며 사냥놀이로 시간을 보낸다. 그러나 때를 기다리며 유능한 인재를 모으는 등 오랜 기간 철저하게 준비함으로써 결국 왕이 되는 목적을 이룬다.

수양대군처럼 좋은 경력과 숙련된 기술을 보유한 사람은 은퇴자 중에도 많다. 이들 중에는 은퇴 후 내 사업을 하며 현대의 왕인 '사장님' 소리를 듣고 살기를 꿈꾸는 야심가형 은퇴자가 많다. 이들은 뭘 해도 잘할 것이라는 자신감으로 겁 없이 창업 시장에 뛰어들곤 하는데, 쓰라린 실패를 맛보는 경우가 많아 주의해야 한다. 통계청 조사 결과 2014년 말 기준 전국 사업체는 380만여 개로 전년 대비 3.8%라는 높은 증가세를 기록했다. 전체 자영업 종사자 수와 고용 비중은 감소 추세지만, 50대와 60대 이상의 중·고령층 종사자는 꾸준히 늘어나고 있는 것이 특징이다. 이는 중·고령층의 퇴직 후 재취업 또는 창업을 통한 고용시장 재진입이 증가하고 있음을 뜻한다.

그러나 중고령자 창업의 길은 결코 쉽지 않다. 통계청에 따르면 2014년 사업체 창업 후 3년 미만 폐업률이 59.5%로 나타나 개인 사업체의 생존 기간이 매우 짧다는 것을 알 수 있다. 또한 2013년에는 최초로 자영업자의 진입보다 퇴출이 많아 경제의 뚜렷한 성장이 보이지 않는 상황에서 자영업 시장이 타격을 받고 있다는 점도 알 수 있다. 은퇴 후 창업에 실패하면 축적한 목돈도 잃고 손실을 회복할 방법도 마땅치 않아 타격이 크다. 실패 확률을 줄이고 내 인생 2막의 '왕'이 되기 위해서는 은퇴 전부터 미리 장기적이고 체계적으로 관련 정보를 수집하고, 실패 가능성을 여러모로 검토해 미연에 방지해야 할 것이다.

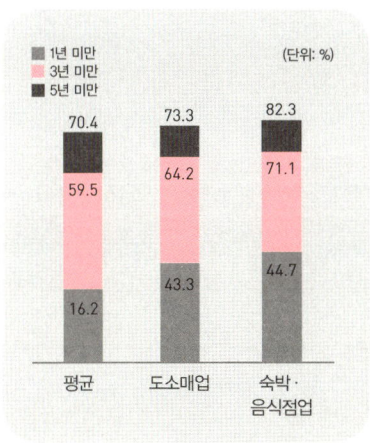

창업 후 기간별 폐업 확률

자료: 통계청(2014)

자영업자 진입과 퇴출 현황

자료: 현대경제연구원(2015)

직장 밖 네트워크를 구축하라

"왕을 지켜 국가의 안녕을 지키는 것이 신하의 도리다!" 왕위를 찬탈하려는 수양대군과 반대로, 김종서는 어린 왕 단종을 지키려는 호랑이상의 신하로 그려진다. 수양대군의 날카로운 얼굴과 대비되는 둥근 얼굴에 이목구비가 호방한 호랑이상 김종서는 고집도 있지만 의리가 있는 사람이다. 문종의 신임을 받아 신하 중 최고 권력을 가진 그였으나 한편으로는 자기를 반대하는 자를 용서하지 않는 모습을 보인다.

호랑이 상사라는 말을 들으며 한평생 직장에 충성하다 이제 은퇴의 길목에 접어든 베이비붐 세대는 김종서와 닮은 점이 많다. 그런데 김종서 같은 호랑이상 은퇴자는 은퇴 후 직장 인맥 상실과 무료함으로 급격히 기력을 잃을 가능성이 높다. 심하면 은퇴 우울증에 시달려 본인의 마음고생은 물론 가족과의 불화까지 일으킬 수도 있다. 이런 성향의 은퇴 예비자들은 노후자금 준비뿐 아니라 친구, 취미 등 비재무적 분야를 아우르는 종합적 노후 준비가 필요하다. 특히 직장 이외의 인맥을 중심으로 평생 할 수 있는 취미와 관심사를 공유하는 감성적 네트워크를 만드는 것이 좋다.

대박 유혹에 지지 않으려면 긴 안목 가져야

"나는 여태 파도를 본 거야. 바람을 본 것이 아니라. 파도를 만드는 건 바람이건만…" 천재 관상가 김내경도 자기 미래는 몰랐던 것일까? 관상을 보면 과거와 미래를 점치는 신비한 힘을 가진 구렁이상의 그는 연홍의 유혹으로 한양에 나와 제2의 인생을 시작하려 했으나 결국 가족을 잃고 다시 은둔하게 된다. 능력이 뛰어났지만 시대 흐름과 사람 마음을 알지 못해 쓸쓸한 노후를 보내고 마는 것이다. 영화 후반 처연한 그의 뒷모습은 노후에 아무 것도 남지 않은 우리 시대 은퇴자의 뒷모습과 다를 바 없다.

거액의 퇴직금을 들고 직장을 나온 은퇴자들도 주위의 많은 유혹에 시달린다. 대박 아이템이 있다며 동업하자고 달려드는 사람도 많다. 잠깐 떴다 사라지는 숱한 파도에 휩쓸리지 않으려면 순간의 유행이 아니라 시대 흐름을 보는 안목과 인내심을 가져야 한다.

링컨 대통령은 "나이 마흔이면 자기 얼굴에 책임을 져야 한다."고 했다. 하지만 은퇴 후 긴 세월을 어떻게 보내느냐에 따라 말년의 얼굴 역시 변한다. 노부부의 주름진 얼굴에 담긴 행복한 미소를 누구나 부러워하는 것도 이 때문일 것이다. 나의 노후 얼굴을 최고의 관상으로 만들기 위해 지금부터 차분하고 꼼꼼하게 은퇴 준비를 해보자.

07
10Up으로 준비하는 행복한 인생 2막

영화 〈인턴〉은 자극적인 내용과 화려한 볼거리보다는 70세 늦깎이 나이에 우연한 기회로 시니어 인턴이 된 어느 노신사의 이야기를 잔잔하게 그리고 있다. 영화의 줄거리는 크게 두 개의 축으로 이뤄진다. 퇴직 후 은퇴생활을 즐기다 시니어 인턴으로 인터넷 패션몰에 취업한 벤 휘태커(로버트 드니로 분)의 직장 적응기와 그 회사를 창업해 1년 반 만에 직원 220명 규모로 성장시킨 워킹맘 줄스 오스틴(앤 해서웨이 분)의 여성 CEO로의 성장기가 그

것이다. 여기서는 로버트 드니로가 연기한 벤을 중심으로 행복한 인생 2막을 위한 조건에 대해 이야기해본다.

행복한 노후 '돈'이 전부가 아니다

영화는 퇴직 후 나름대로 행복한 노후를 보내고 있는 70세 노인의 독백으로 시작한다. 주인공 벤(Ben)은 다운타운에 방 여럿 딸린 자택을 소유한 나름 성공한 중산층 할아버지다. 비록 3년 전 아내와 사별했지만 자녀도 별 탈 없이 잘 자라 독립했고, 취미로 요가나 화초재배를 하며, 가끔 손자 재롱을 보는 것을 삶의 낙으로 여기며 살아가는 평범한 은퇴노인이다. 시대의 흐름에 따라 이제는 사라지고 없는 전화번호부 제작 업체 '덱스원'이란 곳에서 40년이란 긴 세월을 근무하며 부사장까지 지낸 것을 보면 현역 시절 매우 성실했다는 것을 짐작해볼 수 있다. 이처럼 특별히 부족할 것 없어 보이는 그가 인턴에 지원한 것은 경제적 이유보다는 영화 초반 그 스스로가 밝힌 바와 같이 잠들 때마다 밀려드는 알 수 없는 '공허함' 때문이다.

노인의 일자리 참여를 통해 얻어지는 효익과 관련한 최근 연구들은 경제적 빈곤 해소 같은 물질적 측면보다는 정신적 측면에 더 큰 관심을 두고 있다. 성공적 노화와 관련해 사회 전체적으로도 노인의 사회 참여가 주목받는 분위기 속에 정부 또한 노인 일자리 사업이나 자원봉사 참여 확대와 같은 다양한 사회 참여 프로그램을 적극적으로 개발해 지원하고 있다. 노인의 사회 참여에 대한 관심은 이제 더 이상 노인을 복지나 케어의 대상으로 삼지 않고 적극적인 생산의 주체로 바라보는 인식의 변화를 배경으로 한다. 실제로 현재의 60~75세를 단순히 노인으로 보기보다는 '신(新)중년'의 개념으로 대해야 한다는 의견 또한 이들 세대가 신체적으로나 정신적, 지적 수준으로나 이전 세대와는 근본적으로 다르기 때문이다.

노인 일자리 사업이 참여 노인의 소득 확대뿐 아니라 전반적인 삶의 질을 향상시킨다는 사실은 다양한 연구를 통해 밝혀지고 있다. 지난 2009년 서울대 이석원 교수 등의 연구에 따르면 노인 일자리 사업에 참여한 노인 대부분이 생활 패턴 변화로 적극적 노년기를 영위하는 데 긍정적 변화를 경험했다. 노인 일자리 참여가 노인의 자존감과 자기효용감의 상승, 사회관계망 확대, 우울감 감소 등 삶의 질 향상에 긍정적 영향을 미친다는 연구도 있다. 인간 발달 단계상 노년기는 어느 시기보다 심리적으로 위축되기 쉬운 시기다. 상당수 어르신들이 여가를 TV시청이나 신문 보기 같은 소극적 활동으로 보내는 것이 현실이다. 전문가들은 무료한 생활 패턴의 반복은 고립감과 소외감을 확대시키고 이는 사회적 역할의 상실, 정신적 우울감으로 이어지는 경우가 많다고 지적한다. 스스로를 보다 가치 있게 인식하고 삶의 의미를 새롭게 찾기 위해서라도 노인의 일자리 참여는 매우 중요하다.

영화에서 벤은 삶의 공허함을 느끼던 차에 우연한 기회로 시니어 인턴 모집광고를 접하게 된다. 모집 자격 요건이 특별히 까다로운 것은 아니었지만 동영상으로 자기소개를 제작해 온라인으로 올릴 정도의 인터넷 지식을 갖고 있는 그는 운 좋게 '어바웃 더 핏'이란 인터넷 쇼핑몰 시니어 인턴직에 합격하게 된다. 벤이란 인물은 항상 너그럽고 여유로운 데다, 지혜와 위트까지 겸비한 완벽한 인기남으로 다소 비현실적인 캐릭터란 지적도 있다. 때문에 영화를 본 관객 중에는 그가 동화에나 나올법한 요정 할아버지 같다며 장르를 판타지로 분류해야 한다는 평도 있고, 벤을 롤모델로 삼아 노후에 그처럼 나이 먹고 싶다고 이야기하기도 한다. 아무튼 그에게 배울 점이 많다는 사실 하나는 분명해보인다. '완벽한 노신사' 벤에게서 배우는 인생 후반 삶을 대하는 자세 10Up에 대해 알아보자.

자신을 대하는 자세, 건강하고 당당해져라

Cheer Up(스스로 격려하기): 시니어 인턴에 합격하고 벤은 다시 활기를 찾는다. 출근을 위해 알람을 맞춰놓고 잠이 들지만 자명종이 울리기도 전에 이미 출근 준비를 마친 상태. 다시 직장생활을 한다는 사실 하나만으로 삶에 큰 기쁨이 찾아온 것이다. 은퇴하고 나면 여유시간이 많다 보니 하루하루를 무료하게 보내기 십상이다. 새로운 직장이라도 구하면 좋지만 꼭 그렇지 않더라도 자신이 좋아하는 것이 무엇인지를 찾아 배움이건, 봉사건, 취미활동이건 일단 움직이는 것이 중요하다. 무엇이든 새로 시작하기 위해서는 할 수 있는 것은 해보자는 스스로에 대한 격려(Cheer Up)가 중요하다.

Dress Up&Clean Up(깔끔히 차려 입고 주변도 청결하게): 영화 속 벤은 평소 옷매무새 하나에도 빈틈이 없다. 그의 옷장을 한 번이라도 본 사람이라면 누구나 감탄할 수밖에 없을 것이다. 아내와 사별하고 혼자 지내는 노인 옷장치고는 믿기지 않을 정도로 깔끔히 정리돼 있으니 말이다. 외출할 때 이왕이면 자신의 스타일에 맞춰 깔끔하게 갖춰 입고(Dress Up) 다니자. 옷이 날개란 말도 있지만 차림새는 스스로를 대하는 마음가짐이기도 하기 때문이다. 혹시 주변에 멋을 좀 아는 친구가 있다면 자신에게 어울리는 스타일에 대해 조언을 구해봐도 좋다. 사람들은 반듯하게 차려 입은 상대에게 더 호감을 느끼게 마련이다. 집을 나설 땐 거울을 한 번 더 챙겨보자.

자기관리에 신경 쓰는 사람은 차림새뿐 아니라 주변도 깨끗이(Clean Up) 한다. 사무실에서 아무도 선뜻 치우지 않았던 주인 없는 너저분한 책상을 손수 나서 치운 사람도 벤이었다. 이 사건은 시니어 인턴에 대해 다소 무관심했던 직장 동료들이 그를 새롭게 바라보는 계기가 된다. 한편, 나이가 들면서 젊었을 때 나지 않던 체취로 고민하는 어르신들이 많다. 이러한 냄새는 신진대사의 저하로 노폐물 분해와 배출이 활발하지 못하기 때문에 일어나는 자연스런 노화의 과정이다. 전문가들은 평소 목욕과 세탁을 자주하고 특히 침구를 햇볕에 소독하는 등 개인위생에 신경 써야 한다고 조언한다.

Health Up(건강 관리하기): 영화 시작과 끝 부분에는 주인공 벤이 넓은 잔디밭에서 사람들과 어울려 기(氣)체조를 하는 모습이 나온다. 성장기 청소년은 신체발달에 필요한 달리기나 구기종목이, 중장년기에는 근력과 지구력을 길러주는 웨이트트레이닝이나 수영 등이 알맞고, 노년기에는 심혈관계 강화를 위한 가벼운 유산소 운동, 또는 굳은 관절과 근육을 풀어주는 스트레칭 등이 도움이 된다고 한다. 운동은 자신의 체력에 맞게 평소 꾸준히 하는 것이 중요하다. 벤은 적지 않은 나이에도 젊은 사람 못지않은 체력을 보여주는데, 이른 아침부터 시작하는 운전기사 역할도 척척일 뿐더러 장거리 비행도 거뜬하다. 늦은 회식이 끝난 자리에서는 자식뻘 되는 사람을 챙겨줄 정도로 체력이 좋다. 나이 일흔에 시작한 같은 사무실에서 일하는 마사지사와의 사내연애 또한 평소 건강에 자신 있었기에 가능한 일일 것이다. 기본 체력이 좋으면 할 수 있는 일은 젊은이 못지않게 많아진다. 건강을 타고나는 사람들도 있지만 건강관리(Health Up)는 아무리 강조해도 지나치지 않다.

세상을 대하는 자세, 경청하고 베풀어라

Shut Up&Listen Up(쓸데없는 잔소리는 줄이고 경청하기): 평소 말수가 없던 사람도 나이를 먹으면 말이 많아지고 없던 잔소리도 는다고들 한다. 잔소리 많은 노인 옆에 있고 싶어 할 젊은 사람은 아마 없을 것이다. 옆에서 묵묵히 듣고 있더라도 속으로는 기분 좋을 리 없다. 자녀와 함께 사는 노부모들의 경우 잔소리가 때로는 가정불화로 이어지기도 한다. 벤이 주변 모든 사람들에게 인기남이 된 비결은 특별한 게 아니다. 꼭 필요한 말만 하고 경청하는 태도(Shut Up&Listen Up)가 주변 사람의 마음을 열게 한 것이다. 얼마 지나지 않아 연애고민이나 주거 문제 등 상담이 필요한 동료들이 자연스럽게 그를 찾기 시작한다. 벤은 자신이 말한 그대로 주변 사람이 고민에 빠져 눈물지을 때 지긋이 건네는 손수건 같은 존재다. 젊은이들의 행동이 무언가 마땅치 않아 보이고 마음에 안 들 수도 있겠지만 나이 들수록 말수는 줄이고 경청하는 자세가 중요하다. 잔소리하고 지적질하는 노인보다는 고민이 생길 때 찾아가 이야기를 나누고 싶은 사람이 필요하다.

Pay Up(빚이 있다면 갚고 주변에 베풀기): 은퇴 후 가장 바람직한 노후상은 아마 나이가 들어서도 존경과 품위를 지키는 모습일 것이다. 이를 위한 가장 기본적인 조건이 바로 '경제적 자립'이다. 100세 시대 은퇴 준비를 위해 각종 재무정보들이 넘쳐나는 이유이기도 하다. 누구도 늙어서 주변에 아쉬운 소리 하고 싶은 사람은 없을 것이다. 요새는 자식들에게 손 벌리기도 쉽지 않아졌다. 빠른 고령화와 저금리 환경에서 넉넉한 노후 준비가 남의 이야기 같이 들릴 수도 있지만 그런 만큼 더 바짝 정신 차리고 전문가들의 조언에 귀 기울여야 한다. 남들이야 어찌했건 내 삶이고 내 노후이기 때문이다. 집을 못 구하고 있는 직장 동료에게 선뜻 방을 내주는 넉넉함을 보면 아마도 벤은 나름 은퇴 준비도 잘했을 것이다. 작더라도 주변에 잘 베푸는 사람이 되면 친구도 더 많이 모이는 법이다. 밥값이라도 한 번 더 내는(Pay Up) 사람이 되어보자.

업무를 대하는 자세, 초심으로 돌아가라

Open Up(모르면 열린 마음으로 배우기): 새로운 일터가 자신에게 익숙한 분야면 좋겠지만 그렇지 않은 경우가 대부분이다. 익숙했던 분야라 해도 기술과 빠른 트렌드 변화로 늘 새로운 것을 배워야 한다. 그렇다고 위축될 필요는 없다. 처음부터 다 아는 사람은 없다. 모르면 배우면 된다. 잘 모른다고 움츠리고 피하기보다는 마음의 문을 열고(Open-up) 배우고자 하는 마음가짐이 더 중요하다. 나이 불문 모르면 배워야 한다. 영화 속 주인공인 벤과 줄스가 개인적으로 가까워진 결정적 계기는 벤이 줄스로부터 페이스북 가입을 배우면서부터다. 부지런히 배울수록 빨리 일터에 적응할 수 있다.

Show Up(성실한 모습 보여주기): 월급 받는 종업원인 만큼 직장 분위기에 맞추고 작든 크든 조직에 기여하는 모습을 보일 필요가 있다. 영화 속에서 벤은 회사 CEO인 줄스가 눈 깜빡이지 않고 똑바로 쳐다보는 사람을 별로 좋아하지 않는다는 사실을 알게 되자 거울을 보고 눈 깜빡이는 연습을 한다. 다소 유머러스하게 표현된 부분이지만 생소한 조직문화와 동료들에게 자기 자신을 어필하는 노력도 필요하다. 벤은 비서의 도움을 받긴 했지만 현역 시절 마케팅을 비롯한 다양한 업무를 두루 경험했던 바를 살려 보고서를 작성하는 열정을 보이기도 한다.

Give Up(때로는 눈높이와 기대치 낮추기): 입사 후 벤에게 주어지는 일은 한동안 아무것도 없다. 사실 회사에 시니어 인턴이 필요해서 채용한 것이 아니기 때문이다. 그래도 그는 항시 제일 먼저 출근해 자기 자리를 지킨다. 때 묻은 코트를 세탁소에 맡기는 일이 첫 번째 업무였지만 절대 불평하는 기색 하나 없다. 나이 어린 상사의 차를 모는 일도 마다하지 않는다. 어쩌면 현역 시절 기사를 부리고 다녔을지도 모를 그가 오히려 운전을 즐기는 모습이다. 은퇴 후 얻게 될 일자리가 한창 경제활동을 할 때와 같은 수준일 수는 없을 것이다. 전문가들은 노인일자리 사업에서 가장 중요한 부분이 기업과 시니어 간 상호 눈높이를 맞춰주는 일이라고 말한다. 현장에서 발생하는 문제 대부분이 기업이 원하는 기대치와 시니어 간 눈높이 차이에서 발생하기 때문이다.

최근에는 맡겨진 업무에 적응하지 못하는 경우보다 오히려 어르신들의 능력과 의욕이 과해 지나치게 회사 일에 간섭할 때가 더 문제라고 한다. 눈높이와 기대치를 조금 낮추고 자신의 역할에 충실하면 일터에서의 만족감도 커질 수 있다.

우리나라 시니어 인턴십 제도 어떤 것이 있나?

현재 국내에서는 고용노동부 중심으로 '장년 인턴제' 프로그램을, 보건복지부와 한국노인인력개발원이 공동으로 '시니어 인턴십'을 운영하고 있다. 참여 연령 제한이 서로 다르긴 하나, 사업의 취지나 노인을 채용한 기업에 정부가 일정 예산을 지원한다는 점에서 유사한 제도다. 일반 국내 기업들 중에는 영화에서처럼 사회 공헌활동의 일환으로 별도의 시니어 인턴 제도를 지원하는 회사도 있다.

보건복지부의 시니어 인턴십의 경우 고령자들의 참여가 확대되면서 2011년 3,600명 수준이던 인턴 수가 올해 1~9월 사이 6,000명 수준으로까지 증가하고, 참여 기업도 2천여 곳이 넘는 등 호응이 좋다. 업종도 단순 서비스직뿐 아니라 침착함과 섬세함이 요구되는 문화재 발굴이나 바리스타와 같은 다양한 전문직으로 확대되고 있다.

영화 속 벤의 나이는 70세, 즉 희수(古稀)다. 이는 중국의 시인 두보(杜甫)의 '인생칠십고래희(人生七十古來稀)'에서 유래한 말로, '사람 나이 일흔 살이 흔하지 않다'는 뜻이다. 그러나 이와 반대로 2015년 10월 기준 우리나라 100세 이상 노인 수는 16,000명

	장년 취업 인턴제	시니어 인턴십 제도
사업 주체	고용노동부	보건복지부, 한국노인인력개발원
인턴 실시 기업 요건	고용보험법상 '우선지원 대상 기업' (중소기업기본법상 중소기업 포함)으로 상시근로자 5인 이상 사업장	만 60세 이상 노인을 고용할 의사가 있는 4대보험 가입 사업장
인턴 참여자 요건	신청일 현재 미취업 상태에 있는 만 50세 이상자	만 60세 이상인 자로 관련 교육 이수자(단, 참여 직전 3개월 이내에 해당 기업에 취업 사실이 있는 사람은 제외)
정부 지원 내용	실시 기업에 대해서는 인턴 1인당 약정 임금의 월 60만 원 한 인턴 기간(최대 3개월) 지원 실시 기업이 인턴생을 정규직으로 채용할 경우 월 65만 원씩 6개월 지원 인턴지원협약 체결 시점 기준 고용보험 피보험자 수 30% 이내까지 인턴 채용 가능	인턴형: 1인당 최대 3개월간 월 급여 50%(최대 45만 원) 인턴 종료 후 장기근로계약 체결 시 동 조건으로 3개월 추가 지원 연수형: 1인당 최대 3개월간 월 30만 원

자료: 고용노동부, 한국노인인력개발원

을 넘어섰다고 한다. 100세 이상 장수하는 어르신들은 앞으로 우리 주변에 점점 더 많아질 것으로 전망된다. 삶의 기쁨을 찾아 일하는 노인들이 늘면서 이제 같은 직장에서 아들뻘이 아니라 손자뻘 되는 동료와 일하는 풍경을 보게 될 날도 멀지 않은 것 같다.

시니어 근로자들은 일반적으로 시간과 근무 규정을 잘 지키고, 조직에 대한 충성심이 큰 편이다. 인생의 경험이 많고 인간관계의 폭이 깊어 어린 직원의 멘토 역할도 가능하다. 자신만의 장점과 강점을 살려 10Up으로 보다 활기차고 행복한 인생 노후를 만들어보자.

10Up으로 만들어가는 행복한 인생 노후

나 자신을 대하는 자세	세상을 대하는 자세	업무를 대하는 자세
Cheer Up	Shut Up	Open Up
Dress Up	Listen Up	Show Up
Clean Up	Pay Up	Give Up
Health Up		

part 4

가족과 함께하는 은퇴설계

01

'금등지사(金縢之詞)'를 쓰기 전에 귀를 열어라

　시대를 막론하고 세상의 모든 부모들에게 있어 가장 큰 관심사는 바로 자녀 교육일 것이다. 이번에는 아들의 교육에 과도하게 몰입한 아버지와 스트레스를 견디다 못해 일탈을 선택한 한 문제아의 이야기를 살펴볼까 한다.
　사회적으로 높은 지위에 있는 이 씨는 마흔둘에 어렵게 늦둥이 아들을 얻었다. 집안을 이끌 소중한 아이라는 생각에 두 살 무렵부터 유명한 과외 선생을 불러다 공부를 시키기 시작했고, 미리 미리 실무 경험을 쌓으면 좋을 것 같아 아들이 성인식을 치르자마자 가업도 맡겼다. 물론 회의 때마다 꼬박꼬박 같이 들어가 사람들과 의견은 잘 조율하는지, 성급한 판단은 하지 않는지 조언을 아끼지 않았다.

그런데 아들이 점점 삐뚤어져 아랫사람을 막 대하고 폭력까지 휘두른다는 이야기를 듣게 되었다. 경찰의 힘을 빌려 혼도 내 보았지만 좀처럼 말을 듣지 않고, 심지어 몇 번의 자살 소동까지 벌어졌다. 이 씨는 결국 아들이 28세가 되던 해에 아들을 포기하고, 손자에게 모든 재산을 물려주기로 결심했다.

그렇다면 이번에는 아들의 항변을 들어보자.

아들에게 있어 아버지는 항상 화가 나 있는 존재였다. 세 살 때부터 과외를 받았는데, 성적이 조금만 떨어져도 아버지는 선생님 앞에서 아들을 꾸짖었다. 아들의 사춘기가 끝날 무렵에는 아버지 대신 회의를 주관하게 됐는데, 회의 중에도 아들이 무슨 말만 하면 생각이 짧다는 둥, 우유부단하다는 둥 직원들 앞에서도 사정없이 호통을 치셨다. 결국 아들은 어차피 무슨 일을 해도 아버지한테 혼이 날 거, 화라도 풀어야겠다 싶어 사람들에게 분풀이를 하기 시작했다. 까짓 거 문제가 생기면 돈으로 해결하면 그만 아닌가.

하지만 아버지의 화가 결국 폭발했다. 아들에게 모든 것을 상속하기로 했던 유언을 철회하기로 한 것이다. 아들도 자기가 좀

심했다는 건 알지만, 그래도 아버지가 한 번이라도 따뜻하게 나를 안아주었다면 여기까지 오지 않았을 텐데 아버지가 너무 원망스럽다.

이 부자의 이야기를 듣고 어떤 생각이 드는가. 영화 〈베테랑〉 속의 망나니 재벌 3세를 떠올리는 사람도 있고, 흔히 뉴스에서 접하는 건방지고 말 안 듣는 부잣집 아들을 떠올릴 수도 있다. 사실 이 부자는 바로 영화 〈사도〉의 주인공인 영조와 사도세자이다. 뒤주에 갇혀 죽은 사도세자와 그 죽음을 둘러싼 미스터리로 인해 이 부자를 소재로 하는 작품들이 많이 있지만, 영조와 사도세자 두 사람만 놓고 보면 아버지의 과욕과 자녀의 중압감으로 지독히도 사이가 좋지 않은 부자의 이야기라고 할 수 있다.

부모의 과욕에 자녀가 병든다

요즘 한국의 중요한 사회적 문제의 하나로 청소년들의 일탈과 자살을 들 수 있다. 우리나라 청소년의 사망 원인 1위는 자살로 10만 명당 8명이 매년 자살로 생을 마감하고 있는데, 자살 충동을 느끼는 가장 큰 원인이 바로 성적에 대한 중압감이라고 한다.

대부분의 부모들은 학벌을 중시하는 사회에서 내 자녀가 도태되는 일을 막기 위해 자녀의 성적에 지대한 관심을 보인다. 자녀가 공부에 전념할 수 있는 최고의 환경을 제공하기 위해 과보호하는 경향까지 보이곤 하는데, 여러 연구 결과에 따르면 이러한 부모 밑에서 자란 자녀들은 의존적이고 이기적인 성향을 보이는 경우가 많으며, 문제해결 능력까지 떨어진다고 한다. 또한 과도한 관심은 자녀에게는 엄청난 중압감으로 작용해 우울, 불안 등 심리적으로 부정적인 영향을 주고, 심한 경우 분노, 폭력, 자살과 같은 문제로 이어진다. 긴 조선왕조 역사 속에서 이러한 성향을 보이는 대표적인 문제아가 바로 사도세자였다.

사도세자는 두 살 때 이미 왕세자로 책봉되었고, 걸음마를 할 무렵부터 제왕학을 공부해야 했다. 영조는 세자가 읽을 책을 직접 필사했을 정도로 세자의 교육에 심혈을 기울였다. 서너 살짜리 세자에게 책 한 권을 외우게 하고, 한 문장만 빠뜨려도 신하들 앞에서 호되게 혼을 내었다. 세자가 열네 살이 되던 무렵부터 대리청정을 시켰는데, 대전 회의 때마다 세자 바로 뒤에 앉아 미주알고주알 토를 달았다. 표면적으로는 세자를 믿고 물러난 것처럼 보이지만, 자신의 손바닥 위에 세자를 두고 무려 13년이 넘도록 시험을 해온 것이다. 머지않은 미래에 자신이 왕이 되어야 한다는 사실만으로도 충분히 부담감이 컸을 텐데, 이러한 아버지의 강압적인 태도는 훗날 세자의 광증 발현에 결정적인 영향을 주었음이 분명하다.

물론 이러한 과도한 교육열은 정통성 논란에 시달려온 영조나 학벌 중심의 사회에서 좌절을 맛본 요즘의 부모들이 내 자녀만큼은 그런 가시밭길을 걷게 하고 싶지 않다는 애정 어린 마음에서 비롯된 것임을 잘 안다. 하지만 내 자녀에게 강요하기에 앞서 왜 부모가 교육을 강조하는지 자녀에게 이해시키고, 동시에 자녀가 중압감에 시달리고 있지는 않은지 잘 살펴볼 필요가 있다.

듣기 좋은 소리도 자꾸 하면 잔소리

사도세자는 백일 무렵부터 부모와 떨어져 지내야 했다. 영조는 경희궁(지금의 서대문 근처), 세자는 창덕궁(지금의 동대문 근처)에서 기거했는데, 어릴 때부터 서로 얼굴을 맞댈 시간이 없어 가족이라는 친밀감이 형성되지 못했다. 또한 영조는 세자를 오로지 왕위의 후계자로만 여겨 조금이라도 법도에 어긋나게 행동하거나 학문을 게을리하는 모습을 보이면 불같이 화를 냈다. 혼이 날 때마다 아버지에 대한 두려움이 쌓이고 쌓여 심지어 세자로서의 체통도 버리고 창문을 넘어 도망치기도 했다고 한다. 세자는 어릴 때부터 한 치의 흐트러짐도 없는 아버지만을 보아왔기 때문에 아버지가 정통성에 대한 콤플렉스에 시달리고 있으리라고는 감히 상상하지 못한 채 벌벌 떨기만 했을 것이다. 영조는 그런 주눅 든 아들의 모습만 눈에 들어와 매사 마음에 들지 않아 두 사람의 관계는 계속해서 악화되었을 것이다.

 이러한 부자의 모습 역시 요즘 가족 관계와 크게 다르지 않다. 시대를 막론하고 부모들은 좀처럼 자신의 자녀에게 약한 모습을 보여주고 싶지 않고, 자녀의 나이가 예순이 넘어도 넘어질까 걱정스럽고 못미더운 것이 부모 마음이다. 반대로 자녀들은 나름대로 생각이 있어서 내린 결정에 자꾸만 부모님이 간섭을 하거나 내 말을 좀처럼 믿어주지 않아 답답함을 느끼곤 한다.

 이러한 부모와 자녀 간의 소통 문제는 설문조사에서도 확연히 드러난다. 진학사에 따르면 고등학생 10명 중 7명이 부모의 일방적인 잔소리를 듣거나 말이 통하지 않을 때 가장 큰 스트레스를 받으며, 부모와 대화하는 시간이 하루에 1시간도 되지 않았다. 또한 부모가 자녀에게 가장 많이 하는 말은 "공부 열심히 해라.", "TV·게임·스마트폰·컴퓨터 그만해라." 등 잔소리가 1, 2위를 차지했다. 부모와 자녀의 대화 시간이 하루에 1시간도 되지 않으니 부모 입장에서는 속에 담은 이야기보다 잔소리가 앞서게 되기 십상이다. 반면 자녀 입장에서는 눈만 마주치면 나를 몰아세우는 것 같아 더욱 반항하고 싶은 마음이 들게 마련이다.

법도와 예법보다 사람이 먼저다

그렇다면 부모와 자녀 간에는 어떻게 소통을 해야 할까? 그 해답은 사도세자의 아들 세손(훗날 정조)의 말에서 찾을 수 있다. 영조는 세손이 왕실의 예법에 어긋나는 행동을 하자 이를 꾸짖기에 앞서 이유를 물었는데, 세손은 "사람이 있어 법도와 예법이 있는 것이지, 어찌 법도와 예법이 먼저겠습니까."라고 대답했다. 불과 열 살도 되지 않은 아이의 눈에도 예법에 어긋나더라도 사람의 마음을 먼저 읽어 행하려는 자세가 있었던 것이다.

가족 간 소통의 중요성은 바로 이 세손의 말에 고스란히 담겨있다. 가족은 일반적인 인간관계와는 전혀 다른 성격을 가진다. 그 어떤 조직보다도 가장 배타적이면서도 친밀한 조직이다. 실제 가족 관계가 친하건, 친하지 않건 상관없이 기본적으로 가족은 혈연(혹은 결혼이나 입양 등의 계약)을 통해서만 만들어질 수 있으며, 계약을 파기하지 않는 한 가족 구성원에서 벗어날 수 없는 매우 탄탄하고 지속적인 관계이다. 그렇기 때문에 더욱 내 치부를 드러내도 서로 이해해줄 수 있는 가장 완벽한 내 편이 될 수 있는 것이다. 영조가 왕이 되지 못할 신분으로 왕위에 오른 만큼 엄격할 수밖에 없었던 자신의 콤플렉스를 아들에게 들려주었다면 어떤 아들이 그 마음을 이해하지 못하겠는가. 또한 아들이 느꼈을 막중한 중압감을 이해하고, 따뜻한 눈길 한 번, 다정한 말 한 마디만 건네주었다면 조선의 역사에는 또 다른 자유분방하고 호탕한 왕이 기록될 수 있지 않았을까.

공자 왈, 50세는 지천명(知天命)으로 하늘의 뜻을 알게 되고, 예순은 이순(耳順)으로 귀가 열린다고 했다. 이순은 귀가 열려 무슨 말이든 이해하게 된다는 뜻이지만, 다르게 해석하는 경우도 있다. 50세에 이미 하늘의 뜻을 알게 되어 굳이 남의 말에 귀를 기울일 생각을 하지 않는 사람이 많으니, 이를 경계해 60세가 되면 스스로를 겸허하게 낮추고 남의 말에 귀를 기울여야 한다는 것이다. 사도세자가 사망할 무렵 영조의 나이는 69세로 왕위에 오른 지도 40년 가까이 흘러 역대 어떤 왕에 견주어도 왕으로서의 경험이 풍부했고, 나라도 태평성대를 이루었으니 한 나라의 왕으로서 하늘의 뜻을 충분히 안다고 자신했을 것이다. 하지만 예순이 되어도 미처 아들의 목소리에 귀를 기울이지 못해 결국 아들을 자신의 손으로 죽이는 비극을 초래하고 말았다.

영조와 사도세자의 이야기는 우리에게 시사하는 바가 크다. 자녀들은 부모의 작은 행동에 큰 상처를 받기도 하고, 혹은 의도하지 않은 행동이 부모의 오해를 사면서 점점 사이가 걷잡을 수 없이 틀어지기도 한다. 부모와 자녀 사이에 가장 좋은 소통은 관계가 나빠지기 전에 언제나 귀를 열고 서로의 이야기를 들어주는 것이고, 관계가 나빠졌더라도 서로를 비난하고 질책하기 전에 왜 그랬을까를 생각해볼 필요가 있다. 부모이기 때문에 내 자녀가 선택한 행동보다 더 나은 답을 안다고 단정하고 강요하기에 앞서 왜 그런 선택을 했는지 먼저 생각해본다면 보다 나은 새로운 선택지를 찾을 수 있지 않을까.

영조처럼 좋지 않은 이야기를 들었다고 귀를 씻어내지 말고, 내 가족의 표정과 말속에 담긴 진짜 마음을 찾아내기 위해 귀를 너그럽게 할 때가 왔다.

02
아버지의 인생에 박수를 보낸다

전쟁으로 아버지, 동생과 이별하고 부산으로 내려온 피난 가족의 스토리를 담은 영화 〈국제시장〉이 1,200만 관객을 돌파하는 흥행 속에 막을 내렸다. 전쟁의 폐허 속에서 어린 나이에 집안의 가장이 된 한 젊은이. 그가 서독 탄광과 베트남전쟁에 뛰어들어 많은 어려움과 생사의 고비를 넘는 과정을 보여주는 이 영화는 격변의 시대에 자신을 희생하며 살아온 이 땅의 아버지들의 이야기 그 자체이다.

주인공 덕수는 전쟁통에 아버지와 헤어지고 장남으로서 집안의 가장이 되어 식구들을 책임져야 한다는 일념으로 온갖 고생을 마다하지 않고 꿋꿋하게 살아간다. 눈앞에서 생사가 갈리는 전쟁터에 나가서도 덕수는 "내는 그래 생각한다. 힘든 세월에 태어나가 이 힘든 세상 풍파를 우리 자식이 아니라 우리가 겪은 기 참 다행이라꼬."라고 하며 쓸쓸하지만 편안한 미소를 짓는다. 어린 나이에 가장이 되어 한 평생을 자기 자신을 위한 삶이 아니라 오롯이 가족들을 위해 살아오면서도 아쉬움이나 회한 또는 후회도 없었다. 그 시절 우리의 아버지들이 모두 그랬던 것처럼.

쓰레기통에서 어떻게 장미꽃이 피었을까

온 나라를 폐허로 만든 6.25전쟁이 끝났을 때 이 나라는 희망이 없어보였다. 1955년 UN이 UNKRA(유엔한국재건위원회) 조사단을 파견했는데, 조사단 15명은 전국 곳곳을 다니며 상황을 파악한 후 '한국에는 희망이 없다'라고 진단했다. "쓰레기통에서 과연 장미꽃이 피겠는가?" 조사단 대표 메논이 한 말이었다.

덕수는 부둣가에서 막노동을 하며 집안 살림을 꾸려가는데 틈틈이 학원에서 도강을 해서라도 어떻게든 공부를 하려 한다. 하지만 자신을 지원해줄 사람은 없고 공부를 잘하는 동생이 서울대에 합격한다. 동생의 학비로 고민하던 덕수는 가장으로서의 의무를 떠안고 머나먼 독일로 돈을 벌기 위해 떠난다.

덕수가 독일로 떠나던 1964년, 우리나라의 1인당 국민총생산(GNP)은 107달러로 필리핀(237달러)의 절반도 되지 않던 시절이었다. 가난에서 벗어나겠다는 일념 하나로 7,900여 명의 젊은이들이 머나먼 이국 땅 지하 천 미터가 넘는 막장에서 고된 노동을 한다. 당시 파독 광부의 기본 급여는 월 800~1,200마르크(7~10만 원)가량으로 국내 임금 수준의 10배 이상이었는데, 그들은 야간 근무도 마다하지 않고 열심히 일하였고 최소한의 생활비만 제외하고는 모두 고국으로 송금했다. 매달 1,000마르크 이상 송금하는 광부도 많았다고 하는데 당시 대학 등록금이 1만 원 정도였음을 감안할 때 덕수가 송금한 돈은 온 가족의 생활비와 동생 등록금으로 쓰고도 많은 부분을 저축할 수 있는 큰돈이었다. 광부일을 마치고 돌아온 덕수는 새로 마련한 번듯한 집을 보고 감격스러워한다. 실제로 1~2년 동안 송금한 돈으로 서울 미아리에 70만 원 하는 집 한 채를 샀다거나 고향에 수천 평의 논을 샀다는 광부도 있었다. 전쟁의 잿더미, 쓰레기통에서 그렇게 장미꽃은 피기 시작했다.

또 다시 자신의 꿈을 접고 가족을 위해
생사의 기로에 나서다

사랑하는 여인과 결혼도 하고 어느 정도 경제적 기반을 다진 덕수는 자신의 꿈을 이루기 위해 해양대학에 지원한다. 합격통지서를 받아 들고 어린아이처럼 기뻐한 것도 잠시, 여동생 끝순이가 남들처럼 근사하게 결혼식을 올리고 싶다고 어머니에게 울며 떼를 쓰는 것을 보게 된다. 덕수는 "우리 형편에 맞게 식을 올리면 되지 않느냐."라고 동생을 나무라는 대신, 꿈에 그리던 해양대학에 진학하는 것을 포기하고 돈을 벌기 위해 총알이 빗발치는 전쟁터인 베트남으로 떠난다.

1964년부터 1973년까지 베트남에 파견된 기술 근로자는 5만 6,000여 명에 달했는데, 그들이 받은 급여는 미화 250~400달러(30~40만 원)로 1970년 3급 공무원 급여가 2만 7,000원 정도였던 것에 비교하면 엄청난 수입이었다. 덕수가 생사를 넘나들며 전쟁터에서 고생한 덕택에 덕수네 가족은 고모가 운영하던 국제시장 가게 '꽃분이네'를 인수하고 끝순이는 근사한 결혼식을 올릴 수 있었다.

반세기가 지나도록 자식을 위한 희생은 여전

반세기가 지난 지금, 이 땅의 아버지들은 급격한 경제 발전 덕택에 가족을 위한 희생의 정도는 비교할 수 없을 정도로 약해졌다. 하지만 자식을 위한 희생정신은 별로 변한 것이 없는 것 같다. 내 자식을 최고로 키우고 싶은 마음에 '등골 브레이커'로 불리는 점퍼, 최신형 휴대폰을 무리해서라도 아낌없이 사주고 학원 스케줄대로 여기 저기 실어 나르는 소위 '라이딩'도 마다하지 않는다. 초·중·고교생의 68.8%가 사교육을 받고 있고 지난해 사교육을 받는 학생의 1인당 월평균 사교육비는 34만 7,000원으로 가계에 적지 않은 부담을 주고 있다. 그래서인지 교육비 부담이 가장 커지는 40대의 경제적 행복감이 전 연령대 중 가장 낮은 꼴찌다. 그들이 행복하지 못한 이유는 역시 자녀 교육이 압도적이었다.

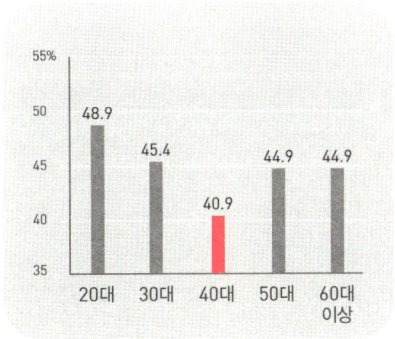

연령대별 경제적 행복 수준

20대	48.9
30대	45.4
40대	40.9
50대	44.9
60대 이상	44.9

연령대별 경제적 행복의 장애물

연령대	장애물	비율
20대	일자리 부족	27.3%
30대	주택 문제	31.1%
40대	자녀 교육	42.4%
50대	노후 준비 부족	28.8%
60대 이상	노후 준비 부족	48.5%

자료: 현대경제연구원(2015)

그 결과 경제활동이 가장 활발하고 대한민국 경제의 주축이라 할 수 있는 40대가 자녀 교육비에 허리가 휘고 가장 불행해졌다. 50대는 '노후 준비 부족'을 가장 큰 행복의 장애물로 꼽았는데, 40대에 자녀 교육에 돈을 많이 쓰다 보니 노후 준비는 할 여유가 없었던 것이다.

우리의 아버지들은 자식을 낳아 대학 교육까지 마치게 하고 결혼까지 시켜야 부모로서의 책임을 다했다고 생각한다. 보건복지부 자료에 따르면 자녀 1명을 키우고 대학까지 졸업시키는 데 드는 비용은 약 3억 896만 원에 달한다. 그렇다면 부모에게 이런 사랑과 지원을 받는 자녀들은 행복할까? 안타깝게도 그렇지 않다. 우리나라 어린이·청소년의 행복지수는 OECD 국가 중 6년째 꼴찌다. 자식을 최고로 키우겠다는 욕심이 오히려 자식 인생에 독이 되는 '독친(毒親)'이 되어가는 것이 아닌지 심각하게 생각해볼 문제다.

최근 설문조사에 의하면 결혼에 드는 비용은 평균 2억 5,000만 원으로 남자가 1억 6,000만 원, 여자가 9,000만 원 정도 분담한다고 한다. 사회에 나와 결혼 전까지 결혼 비용을 저축한다 해도 이런 목돈을 스스로 준비하는 것은 불가능에 가깝고 많은 부분을 부모가 지원하는 것이 현실이다. 반세기 전의 덕수도 그랬지만 지금도 남들처럼 멋진 결혼식을 하겠다는 자식에게 "안 돼"라고 자를 수 있는 아버지는 많지 않을 것 같다. 그야말로 기둥뿌리를 뽑아서라도 해주고 싶은 것이 대다수 아버지의 마음일 것이다. 이제는 시대가 바뀌어 은퇴 후 노후생활비를 자식들에게 의존할 수 있는 상황이 아닌데도 말이다.

그런데다 노후 생계는 정부도 자식도 아닌 본인 책임이라고 생각한다. 미국 퓨리서치센터가 지난해 발표한 자료에 따르면 한국인은 노년기에 경제적 생활을 자기 자신이 책임져야 한다는 생각이 53%로 세계 21개국 중에서 가장 높았다. 식구들을 위해 생사의 기로에 서고 다리 하나를 내어주고서도 "괜찮다, 괜찮다."라며 허허 웃던 덕수의 모습에서 크게 변한 것이 없다. 대한민국에는 자식을 위한 희생정신 유전자라도 있는 걸까?

노후에 대한 책임은?

단위: %

나라	본인	가족	정부
파키스탄	2	77	16
미국	46	20	24
한국	53	10	33
일본	27	33	36
프랑스	23	33	42
독일	41	12	38
영국	39	13	33
브라질	8	42	38
나이지리아	5	38	40
남아공	11	23	40
케냐	9	25	59
중국	9	20	47
이스라엘	11	8	61
러시아	8	10	63

자료: 퓨리서치센터

이제는 흥겨운 '굳세어라 금순아'를 부르자

영화의 마지막 부분, 덕수의 가족들이 옹기종기 둘러앉아 정겨운 시간을 갖는데 덕수의 손녀딸이 노래를 하게 된다. 가족들은 아이들이 좋아하는 동요를 부르겠냐고 물어봤지만 귀여운 꼬마는 아주 흥겨운 가요 한 곡을 부른다. 인류 역사상 가장 위대한 인도주의적 생명 구출 작전의 하나로 평가되는 '흥남철수'를 배경으로 한 '굳세어라 금순아'다.

1953년 가수 현인이 발표한 '굳세어라 금순아'는 흥겨운 트로트 리듬의 가요지만 노랫가락에는 가족을 그리워하는 실향민의 아픔이 절절하게 묻어난다. 1950년 12월 중공군의 전면 공세에 밀린 연합군과 국군은 흥남항에서 군함과 상선 200여 척을 동원하여 대규모 철수작전을 펼치게 되는데, 중공군의 원산 점령으로 육로가 막혀 고립돼 있던 엄청난 수의 북한 피난민들이 흥남부두로 대거 몰려들었다. 10만여 명의 병사와 1만 8,000여 대의 차량 그리고 각종 무기와 전투 물자만 철수시킨다는 것이 원래 계획이었지만 국군은 "피난민을 버리고 갈 바에야 국군은 해상 철수를 포기하고 피난민들과 함께 육로로 철수하겠다."라고 강력하게 주장하여 결국 9만 8,000여 명에 달하는 피난민을 함께 구출하게 된다. 물도 먹을 것도 없었지만 거제도에 도착하기까지 이틀간 혹한의 항해 중에도 단 한 명의 희생자 없이 오히려 5명의 새 생명이 태어나는 '크리스마스의 기적'이 일어난다. 이런 기막힌 역사를 담고 만들어져 오랫동안 아버지들의 술자리에서 빠지지 않고 불렸던 국민가요가 '굳세어라 금순아'다. 그런데 이제는 이 노래를 듣기가 힘들어진다. 더 이상 그 슬프고 아픈 과거를 이야기하는 어른도, 듣고 싶어 하는 젊은이도 없어졌기 때문일까?

〈국제시장〉은 반세기 이전의 우리 역사를 소재로 한 영화이기 때문에 그 시절에 대한 애환과 향수가 있는 50대 이상의 세대에서 주로 인기가 있을 것으로 예상했다. 그런데 의외로 20대 관객 비중이 매우 높았다고 한다. 그리고 그들은 할아버지 세대의 이야기에 대해 잘 몰랐었지만 영화를 보고 공감했고, 감동했고, 같이 울었다고 한다. 우리의 아버지, 할아버지들은 그들이 겪었던 지독했던 가난, 고통, 참담함에 대해 우리에게 자세하게 이야기하지 않았다. 우리는 역사책에 나오는 단편적인 사실들로만 그 시대를 이해했을 뿐 그 속에 가려진 아픔에 대해서는 잘 몰랐고 알고 싶어 하지도 않았다. 필자의 아버지도 식사 시간에 필자가 밥을 조금이라도 남기면 "음식은 소중한 것이니 남기지 말고 다 먹어야 한다."라고 가르치셨지, 당신이 얼마나 배고픔을 겪었는지, 얼마나 참담한 시절을 겪어내야 했는지에 대해서는 한 번도 말씀하지 않으셨다. 필자는 나중에야 아버지가 쓰신 책 속에서 아버지가 겪었던 지독한 가난, 어려웠던 시절의 이야기들을 읽고 눈물을 쏟으며 아버지 세대를 이해할 수 있었다. 우리의 아버지들은 세월이 바뀌어 모든 게 풍족해진 자식들에게 굳이 그 어려웠던 시절의 이야기를 꺼내고 싶지 않으셨는지도 모르겠다. 아니면 밤낮으로 산업현장에서 일하느라 자식들과 마주앉아 도란도란 이야기를 나눌 시간이 없었는지도 모른다.

덕수도 아들에게 그 처절했던 흥남철수 그리고 죽음의 문턱을 넘나들었던 독일의 탄광과 베트남전쟁에 대해 이야기하지 않았을 것이다. 덕수의 아들은 바로 자기 아버지의 이야기인 '굳세어라 금순아'를 듣고도 아무런 감흥 없이 "어린 애한테 그런 노래를 가르치면 어떻게 하냐."며 덕수를 타박했고 울적해진 덕수는 혼자 방으로 들어가 버린다. 자식들 앞에서 늘 무뚝뚝하고 강한 모습을 보였던 덕수지만, 홀로 방에서는 사진 속의 아버지를 향해 "아버지, 내 약속 잘 지켰지예. 이만하면 내 잘 살았지예. 근데 내 진짜 힘들었거든예."라며 흐느낀다. 큰 배를 모는 멋진 선장이 꿈이었지만 그 꿈을 가족들을 위한 희생과 맞바꿨고 그 삶은 정말 힘들었다고 울먹이는 덕수…. 우리의 아버지들은 '나 너무 힘들다'라고 하소연할 수 있는 상대도 없었다. 그저 대포 한 잔에 '굳세어라 금순아'를 목놓아 부르며 혼자서 묵묵히 견뎌왔을 뿐이다.

세월이 흘러 백발이 성성해진 이 땅의 아버지들이 이제는 자식과 손자들에게 당신들의 이야기를 풀어놓으시길 기대한다. 전쟁으로 폐허가 되었던, 쓰레기통 같았던 이 나라에 어떻게 장미꽃을 피우셨는지, 그러기 위해 얼마나 힘드셨는지, 때로는 얼마나 외로우셨는지, 그 어려움을 어떻게 이겨내셨는지, 그래서 얼마나 보람을 느끼셨는지 이야기를 풀어주시라. 우리는 이제 당신들의 이야기를 들을 준비가 되어 있다. 이제는 흥겨운 가락의 '굳세어라 금순아'를 부르며 당신들의 고단했던 손을 꼭 잡아드리고 싶다. 이 땅에 장미꽃을 피워주신 데 대한 감사와 존경의 마음으로 말이다.

03
가족의 굴레를 벗어 던져라

"엄마 말 안 들으면 망태 할아버지가 와서 잡아간다."

옛날에는 참 신기하게도 어느 동네나 망태 할아버지가 한 명씩은 있었다. 어깨에 커다란 망태기를 메고, 한 손에는 집게를 든 채 새까만 얼굴로 온 마을을 돌아다닌다는 망태 할아버지는 아이들에게는 그야말로 공포의 대상이었다. 보기만 해도 오금이 덜덜 떨리는데, 엄마 말을 듣지 않으면 날 저 집게로 집어서 망태기에 넣는다니 이 얼마나 무서울 노릇인가. 그 누구도 망태 할아버지의 목소리를 들어본 적도, 진짜 아이를 잡아가는 모습을 본 적도 없지만 나를 잡아갈 수도 있는 존재라는 것이 그에 대한 유일한 이해였다.

하지만 어른이 되어 생각을 해보니 참 죄송한 마음이 든다. 온종일 마을을 돌며 폐품을 주워 고물상에 팔아야 간신히 하루를 견딜 수 있던 고단한 생계를 하던 어르신이 아닌가. 귀여운 손자, 손녀뻘 아이들이 자신만 보면 혼비백산을 해 달아나니 외롭고 쓸쓸한 마음에 밝은 표정은 지으려야 지을 수도 없었을 게다. 더욱 슬픈 것은 어쩌면 내가 노후에 겪을지도 모를 가난하고 고독한 미래일 수도 있다는 점이다.

무거운 가장의 책임감에서 벗어나라

영화 〈개를 훔치는 완벽한 방법〉에는 관계에 실패한 현대판 망태 할아버지들이 등장한다. 우선 말 그대로 망태 할아버지처럼 고물을 모으며 노숙을 하는 대포(최민수 분)를 들여다보자. 어른들에게는 기피 대상이자 아이들에게는 두려움의 대상이던 노숙자 대포는 어린 지소(이레 분)가 엄마와 싸워 집을 나왔을 때도, 어렴풋이 개를 훔쳤다는 사실을 눈치 챈 후에도 마치 딸에게 말하듯 다정하게 지소 스스로 잘못을 뉘우치도록 이끌어주는 길잡이 역할을 한다. 하지만 자유분방하고 카리스마 넘치는 그도 결국은 보고 싶은 딸을 두고도 과거의 잘못으로 가족에게 돌아가지 못하는 애틋한 아버지였다. 그 또한 평범한 우리의 아버지들과 다를 게 없는 것이다.

우리 아버지들은 남자는 세 번 운다는 말을 귀에 딱지가 앉도록 들어왔다. 아니, 이게 말이 되는 소리인가. 태어날 때 울음을 기억할 리는 없고, 부모는 두 분이니 한날한시에 돌아가시지 않는 이상 이미 두 번은 울어야 하며, 요즘 같은 세상에 나라가 빼앗길 일도 좀처럼 없을 테니 논리적으로 말 자체가 성립되지 않는다. 게다가 첫아이가 태어난 순간이나 막내딸의 결혼식, 이루지 못한 첫사랑의 슬픔이나 친한 친구의 죽음 등 눈물 흘릴 일이 어디 한두 번이겠는가. 그럼에도 불구하고 우리 아버지들은 가장으로서의 권위가 흐트러져서는 안 된다는 책임을 강요받아왔다.

이러한 가장의 책임감은 요즘 증가하고 있는 가족 동반 자살에서도 드러난다. 2015년 초 강남에 10억 대 아파트를 보유한 엘리트 가장 강모 씨가 아내와 두 딸을 살해한 사건을 보면, 강 씨는 자신이 자살한 후 가족이 멸시를 받을 것 같은 불안감에 먼저 살해했다고 한다. 이 사건은 가장의 과도한 책임감이 극단적으로 표출된 것으로, 아내나 자녀를 개별적인 인격체로 보지 않고 심지어 자신의 책임 하에 있는 소유물로 생각하기 때문에 벌어진

비극이라고 할 수 있다. 한편 최근 결혼을 기피하는 젊은 세대들에서도 이러한 책임감의 무게를 엿볼 수 있다. 여성은 결혼 후 가사와 출산, 육아로 경제활동이 어려워질 것이라는 생각에 결혼을 미루게 되며, 남성은 경제적인 면을 포함해 가장으로서 가정을 책임져야 한다는 중압감에 결혼을 기피하려는 경향을 보이고 있다. 이러한 사회적인 문제는 남자(아버지)에게 책임만을 강요해온 가부장적 사회의 잘못된 측면이 아닐까?

영화에서 딸이 보고 싶지만 잘못을 저질러서 돌아갈 수 없다고 고백하는 대포에게 지소는 그런 아빠라도 보고 싶어 할 테니 원래 있던 곳으로 돌아가라고 위로해준다. 딸을 그리워하는 대포와 아빠를 그리워하는 지소가 서로의 가족에게 전하는 간절한 바람이었다. 지소의 아빠 역시 가장으로서의 죄책감에 가족을 떠났지만, 사실 11살 소녀에게 아빠의 책임은 아무래도 상관없었다. 그저 내 가족, 사랑하는 아빠로서 이 시간을 함께하길 바랄 뿐이었다.

시대는 흘렀고 가족의 의미도 바뀌었다. 우리 아버지들도 이제 책임감에서 조금은 자유로워질 필요가 있다. 남녀 두 사람이 만나 한 가정을 이루는 만큼 가정에 대한 책임은 가족 구성원 모두에게 있다. 나의 아내도 나와 동일한 시간을 가정에서 보내며 지혜를 쌓아왔으며, 나의 아이도 당신이 생각하는 것보다 훨씬 더 많은 것을 보고, 이해하고 있다는 점을 깨달아야 한다. 가족 구성원 모두가 동등한 위치에서 서로의 목소리에 귀를 기울인다면,

지금도 길 위를 방황하고 있는 대포와 지소는 곧 원래 있어야 할 가정으로 돌아갈 수 있을 것이다.

당신의 자녀가 효자라는 믿음을 버려라

이번에는 두 번째 망태 할아버지, 레스토랑 '마르셀'의 주인인 노부인(김혜자 분)의 삶을 보자. 깐깐한 성격 탓에 등장만으로도 주위 사람들이 벌벌 떠는 노부인은 돈은 많으나 남을 믿지 못한다. 조카 수영(이천희 분)이 유일한 혈육이지만 재산에 눈이 멀어 있을 뿐, 말 못하는 애완견 윌리가 그녀의 유일한 벗이자 가족이다. 사실 그녀에게도 아들이 있었다. 아들은 예술을 반대하는 어머니와의 갈등 끝에 집을 나갔고, 그림을 그리다 고독한 죽음을 맞이했다. 그녀는 자신의 욕심대로 자녀의 삶에 간섭하는 독친(毒親, toxic parents)의 전형이다.

팔순이 넘은 노모가 환갑이 넘은 아들에게 차 조심하라고 당부하듯이 부모 눈에 자식은 언제까지나 어린아이일 뿐이라지만, 언제까지 자식을 품에 안고 있을 셈인가. 부모가 온실 속의 화초로 애지중지 키운 자식은 부모가 사라지고 나면 금세 시들게 마련이다. 앞서 언급한 서초동 세 모녀 살인 사건에 대해 범인 강모 씨의 부모는 한 인터뷰에서 '고생을 모르고 편하게 자란 것이 위기 상황에 대한 대처 능력을 떨어뜨려 발생한 사건'이라고 밝힌 바 있다. 내 자식은 편안한 환경에서 편안한 삶을 살게 해주겠다는 부모의 과도한 사랑이 온전히 성숙하지 못한 반쪽짜리 어른아이를 만들어냈다.

일본도 1990년대 버블 붕괴 이후 청년실업이 심각해지면서 부모에게 의존하는 '패러사이트 싱글(한국의 캥거루족과 유사)'이 사회적 문제로 떠올랐다. 경제적으로 자립하지 못한 경우가 대부분이기는 하지만, 소득이 있음에도 불구하고 '부모님과 같이 살면 밥이나 청소, 빨래도 해주고, 집값도 안 드는데 왜 굳이 나가 사느냐'는 생각을 가진 자녀도 상당히 많았다. 이러한 현상에 대해 다이도 대학 마쓰오카 요코 교수는 "자녀가 성인이 된 후에는 취업, 결혼, 출산, 정년퇴직 등 다양한 생활 사건으로 부모와 자식 간의 관계가 바뀌어야 하지만, 독신의 경우 관계 재구축의 계기가 부족하다."고 지적했다. 결혼을 하지 않았기 때문에 부모로부터 독립하려 하지 않지만, 부모가 있으니 다른 가족을 필요로 하지 않는다는 가족 관계의 악순환에 빠져들게 되는 것이다.

독친이 착각하는 것이 두 가지가 있다. 첫째는 맹모삼천지교요, 둘째는 세상에서 가장 착한 내 자식이라는 믿음이다. 독친의 롤모델 맹자의 어머니는 과연 맹자의 뜻을 꺾고 책상 앞에 앉혔을까? 아니다. 맹자의 어머니는 그저 아들이 공부할 수 있는 환경을 만들어주었을 뿐 단 한 번도 눈앞에 책을 들이댄 적은 없다. 영화에서 그려지지는 않았지만, 부유한 노부인은 분명 아들을 소위 '사자(士字) 직업'의 길로 보내기 위해 아들의 캔버스를 찢고, 사교육을 강요했을 것이다. 이는 아들의 죽음 후에 전 재산을 쏟아부어 아들의 작품을 사들이는 그녀의 열정을 보아도 짐작할 수 있다. 하지만 부모가 생각하는 좋은 환경이 반드시 자녀에게 최고의 환경이 아닐 수 있다는 점을 잊어서는 안 된다.

또 하나, 자식을 좋은 길로 이끄는 독친일수록 내 자식은 평생 내 곁에 있을 것이라는 믿음을 가지고 있다. 내 자식을 보란 듯이 키워놓기만 하면 좋은 사위, 좋은 며느리까지 들여 대대손손 나를 평안하게 해주리라는 확신이 지금 당장 허리띠를 졸라매고, 심지어 빚을 내는 고통을 잊게 해준다. 하지만 1998년만 해도 10명 중 9명(89.9%)이 부모님 부양은 가족이 해야 한다고 생각했던 데 반해 2014년에는 응답자가 3명(31.7%)에 불과해 부모 부양을 책임지겠다는 자녀의 생각이 빠른 속도로 옅어지고 있다. 심지어 돈 문제로 부모를 살해하는 패륜 사건도 심심찮게 발생하고 있지 않은가?

쓸쓸한 이야기지만, 금이야 옥이야 키운 내 자식이 늙은 나를 부양할 것이라는 착각은 버려라. 자녀 교육비, 결혼 비용에 내 노후자금까지 쏟아부어봤자 돌아오는 건 먹고 살기 힘들어서 이번 명절에도 찾아뵙지 못하겠다는 전화 한 통이 전부일 수도 있다는 점을 잊어서는 안 된다. 좀 과하게 말하자면, 진짜 내 자식을 평생 내 곁에 끼고 싶다면 차라리 그 돈을 모아 죽을 때까지 내 손에 쥐고 있는 게 낫다. 적어도 마지막 순간까지 경제적으로 당당한 부모로 기억될 것이요, 부모의 돈이 탐이 나서라도 자식들은 한 번이라도 더 부모에게 얼굴을 내밀게 될 것이 아닌가. 나중에 어머니 때문에 내 인생 망쳤다는 원망을 듣는 것보다, 그때 어머니 말씀을 들었다면 이렇게 되지 않았을 것을 하는 후회의 마음에 훗날 더 부모의 말을 듣는 효자를 두는 것이 더 나을지도 모를 일이다.

마음을 여는 곳에 희망이 있다

영화에서 어린 지소의 눈에 비친 어른들은 무서운 노숙자였고, 도도한 노부인이었으며 철없는 엄마(강혜정 분)에 불과했다. 하지만 어른들이 지소의 눈에 맞추어 담담하게 자신의 이야기를 꺼내면서 아이는 어른들의 표현 방법이 조금 달랐다는 사실을 깨닫게 된다. 어른과 아이의 세상이 소통하기 시작하면서 결국 어른들은 포기했던 희망을 찾고, 아이는 어른들에게 다가섰다.

한국사회는 가족 간 유대감이 강한 만큼 갈등도 많은 사회이다. 부모와 자식 관계, 가장의 역할과 아내의 역할이 시대의 흐름에 따라 바뀌면서 전통적인 가치관과 현대적인 가치관이 곳곳에서 상충하고 있다. 이러한 갈등의 해법은 서로를 인간 대 인간이라는 독립된 주체로 보고 각자의 삶을 존중하는 데에 있다. 자녀의 생각보다 부모는 나약하고 상처받은 존재이며, 부모의 생각보다 자녀는 성장해 있다. 대포처럼 책임감에 쫓겨 도망쳐서도 안 되고, 노부인처럼 자녀에 집착하고 휘둘려서도 안 된다.

영화 후반, 월리는 목줄을 풀어주면 더욱 좋아한다는 지소의 말에 노부인은 처음으로 월리의 목줄을 푼다. 신 나게 꼬리를 흔들며 뛰어다니는 월리를 보는 노부인의 표정에는 과거에 대한 반성과 아들에 대한 이해 그리고 새롭게 찾은 희망이 엿보인다. 당신의 외로움을 인정하고, 틀어진 관계는 곱씹어보아야 한다. 당신이 먼저 손을 내밀어주기를 기다리는 사람도 있을 것이고, 당신으로 인해 상처받아 위로를 바라는 사람도 있을 것이다. 당신의 남은 노후를 외롭게 보내고 싶지 않다면 먼저 용기를 내어 손을 내밀기 바란다.

마지막으로 김혜자 씨의 말을 소개하고자 한다. "제가 작품을 선택하는 기준은 '희망'이에요. 부정적인 이야기라도 실낱같은 희망이 있어야 해요. 그렇잖아도 우린 전부 힘드니까." 아무리 힘들어도 분명 당신에게도 희망이 있을 것이다.

앞치마 두른
남편
무서울 게 없다

53~54세가 되면 주된 직장에서 물러나는 우리나라에서 은퇴한 노부부는 흔히 볼 수 있는 커플이다. 프랑스의 극작가 장 폴 벤젤이 1975년에 쓴 《머나먼 아공당주(Loin d'Hagondange)》를 원작으로 하는 연극 〈남아 있는 나날들〉에서 은퇴한 노부부의 이야기를 들여다보자.

인생 후반기 '부부만의 생활 기간' 증가

　등장인물은 은퇴한 60대 후반의 남편 조르주와 70대 초반의 아내 마리. 부부는 젊은 시절 활동하던 아공당주(프랑스 북동부의 도시)를 떠나 아담한 시골집에서 은퇴생활을 하고 있다. 부부에게 유일한 자녀인 딸 이본느는 결혼하고 독립해 집에는 부부 둘뿐이다.
　조르주와 마리처럼 우리나라도 노후에 부부만 사는 가구의 수가 늘어나고 있다. 보건복지부 조사에 따르면 노인 가구 중 부부만 거주하는 가구가 44.5%로 자녀와 동거하는 가구(28.4%)를 제치고 가장 높은 비중을 차지했다. 자녀가 제 짝을 찾아 독립하면 은퇴 후 부부만 덩그러니 남는 이른바 '빈 둥지(Empty Nest)'가 늘어나고 있는 것이다. 게다가 서울대 한경혜 교수에 따르면, 베이비붐 이전 세대의 경우 빈 둥지 기간이 1.4년에 불과했으나 베이비붐 세대는 19.4년으로 조사됐다. 고령화와 함께 핵가족화가 급속히 진전되면서 자녀 중심의 생활에서 부부 중심의 생활로 급속하게 옮겨가고 있는 것이다.

앞치마 두르는 남편, 집 밖으로 나서는 아내

　평생 철공 일을 했던 조르주는 은퇴 후에도 자신의 작업실에서 쇠를 만지며 스스로를 일에 얽매어 놓는다. "당신은 정말 아무것도 몰라. 난 항상 일을 해왔어. 난 죽더라도 쇠더미에서 죽을 거야…. 가 버려!" 그런 남편을 보면서 마리는 청소와 화단을 가꾸는 일로 시간을 보내지만 공허함과 외로움에 힘들어한다. "싫어! 여기 있을 거야. 안 가. 당신을 바라보고 당신과 얘기하고 싶어. 내가 당신한테 중요한 존재가 아니라면 난 살아 있는 게 아니야…. 참을 수가 없어." 이처럼 남편은 일을 하고 아내는 가사와 양육을 전담해온 전통적인 부부의 역할 분담이 인생 100세 시대를 맞이하는 지금도 그대로 적용될 수 있을까?

최근 중·장년층 사이에서 부부의 역할에 조금씩 변화가 나타나기 시작했다. 예를 들어, 현업에서 물러난 남편들이 요리교실을 찾아 앞치마를 두르는 모습이 언론에 심심찮게 소개되고 있다. 은퇴 후 남편들이 하루 세 끼니를 모두 집에서 챙겨 먹는다고 '삼식이'라 불리던 기존 모습과는 다른 현상이다. 한편, 여성들은 일자리를 찾아 밖으로 나서고 있다. 베이비붐 세대 남성들이 퇴직을 시작하면서 취업을 택하는 아내들이 늘고 있는 것이다. 변화하는 가정에 위기가 없다는 표현처럼, 은퇴 후 부부 서로 간의 이해와 역할 변화는 노후의 행복에 한 걸음 더 가까이 갈 수 있는 가장 좋은 방법이다.

노후의 충성스러운 친구 '배우자'

연극은 조르주가 마리의 죽음을 맞이하는 장면으로 마무리된다. 미국 건국의 아버지 벤자민 프랭클린은 '우리에게는 충성스러운 친구가 셋 있다. 늙은 아내, 늙은 개 그리고 현금'이라는 명언을 남겼다. 자녀의 독립으로 쓸쓸한 노후에 부부가 같은 날 같은 시간에 세상을 떠나는 것만큼 좋은 일도 없지만, 일반적으로 배우자 중 한 명은 먼저 세상을 떠나게 될 것이다. 마지막 장면 속 딸 이본느에게 편지로 아내의 소식을 전하는 조르주는 다음 노래 가사와 같은 심정이 아니었을까?

'곱고 희던 그 손으로 넥타이를 매어주던 때 어렴풋이 생각나오. 큰 딸아이 결혼식 날 흘리던 눈물방울이 이제는 모두 말라…. 세월이 흘러감에 흰머리가 늘어가네. 모두 다 떠난다고 여보 내 손을 꼭 잡았소. 다시 못 올 그 먼 길을 어찌 혼자 가려 하오. 여보 안녕히 잘 가시게~'(고(故) 김광석, 어느 60대 노부부 이야기)

대학로의 여느 공연과는 다르게 중장년 세대가 많았던 소극장. 극장을 나서는 중년 부부들 가운데 아내는 눈물을 훔치고, 그런 아내의 손을 남편이 꼭 잡아준 이유는 노후의 단짝 배우자의 소중함에 대해 서로가 공감했기 때문일 것이다.

05

다 큰 자녀보다 당신이 먼저

천명관 작가의 동명 소설을 원작으로 한 영화 〈고령화 가족〉. 영화는 전쟁터와 같은 사회생활에서 패잔병이 된 자식들이 다시 엄마 곁으로 돌아오면서 생기는 다양한 에피소드로 구성된다. 〈고령화 가족〉에 비친 모습을 통해 경제적으로 자립하지 못한 상태로 부모에게 의존하는 현실과 이런 자녀들을 품에 안을 수밖에 없는 부모 세대의 노후 현실에 대해 좀 더 자세히 들여다보자.

2035년 가장의 평균연령 60대, 가족이 늙어간다

영화 속 주인공 가족의 평균 나이는 47세. 게다가 가족의 생계를 책임지는 가장은 장성한 자녀가 아닌 부모다. 이러한 모습을 반증해주는 실제 자료는 통계청이 발표한 '2010~2035년 장래 가구 추계'에서 확인할 수 있다. 통계청에 따르면 2010년에는 가장의 평균 나이가 40대인 경우가 전체 25.6%를 차지해 가장 많았지만 2035년에는 가장의 평균연령이 60대(22.5%)에 도달할 것으로 전망됐다. 또한 가장이 65세 이상인 가구가 전체의 40.5%인 903만 가구로 나타났다. 통계청은 같은 자료에서 우리나라의 가구 유형도 크게 변할 것으로 예측했다. 2010년에는 부모와 자녀가 같이 사는 가구가 37%로 가장 많았지만, 2035년에는 1인 가구가

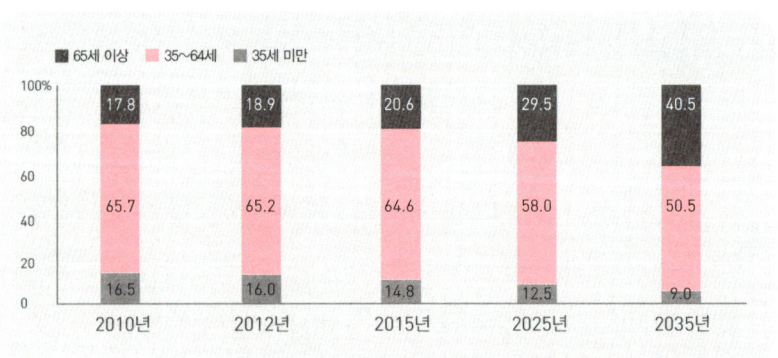

부모자녀 동거 비율 추이 및 전망

자료: 통계청

34.3%로 가장 많고 다음은 부부만 사는 가구(22.7%), 부부와 자녀가 함께 사는 가구(20.3%) 순으로 바뀔 것으로 내다봤다. 특히 1인 가구의 비중이 2인 가구를 앞질러 전체 가구 유형에서 가장 높은 비중을 차지하는 등 가족해체가 가속화될 것으로 전망했다.

한 지붕 세 가족이 늘고 있다

그런데 영화 속 가족의 모습은 실제 통계 자료의 분석과는 거리가 있어 보인다. 둘째 아들 인모의 "집을 떠난 지 20여 년 만에 우리 삼남매는 모두 후줄근한 중년이 되어 다시 엄마 곁으로 모여들었다."라는 독백처럼 주인공 가족은 흩어졌다가 다시 뭉쳤다.

전통적인 농경사회가 산업사회로 급격히 변화하면서 가족은 규모 면에서 대가족이 핵가족으로의 변화를 겪게 된다. 핵가족에 이어 싱글족이 늘어나면서 1인 가구도 새로운 트렌드로 자리 잡고 있다. 그리고 최근에는 고령화의 진전으로 영화의 배경처럼 과거 대가족 형태의 모습으로 회귀하는 사례가 종종 언급되고 있다. 이러한 현상은 우리보다 앞서 고령화를 경험하고 있는 선진국 가운데 일본과 미국의 사례를 통해 확인할 수 있다.

우선 이웃나라 일본에서는 가족 구성원에 변화가 생기기 시작했다. 전체의 32% 이상을 독신 세대가 차지하는 가운데 부모와 자녀, 손자녀의 3세대가 함께 사는 대가족 형태가 조금씩 늘어나고 있는 것이다. 불안정해지는 고용 환경과 세금·보험료 상승 등으로 인한 가계 부담의 증가라는 점차 험난해지는 사회 환경을 극복하기 위해 일가족이 모여 가계 부담을 최소화하고 소비활동을 함께하는 사례가 늘어나고 있는 것이다.

또 다른 사례는 무라타 히로유키의 저서《그레이마켓이 온다》에서 소개된 "빨리 이 집에서 나가야지. 여기는 세금만 높고, 물가도 비싸고, 노후를 보내기엔 너무 힘들어."처럼 미국 베이비부머의 인터뷰 내용에서 찾아볼 수 있다. 미국에서는 베이비붐 세대의 대이동이 시작되고 있다. 이동에는 3가지 타입이 있다. 첫 번째는 지금 사는 곳보다 세금이나 생활비가 적게 드는 곳으로 가는 이동, 두 번째는 광대한 초지가 있는 큰 집에서 더 작은 집으로 옮기는 이동, 소위 말하는 다운사이징이다. 미국은 일본과 달리 정년이 없지만 회사원은 대개 60세에서 65세 사이에 퇴직한다. 연금은 나오지만 일부 기업을 제외하면 연금 수입만으로 유유자적 살 수 있는 사람은 많지 않다. 또 국가가 보장하는 의료보험제도가 없는 미국에서는 65세 이상 시니어와 저소득층을 위한 의료지원을 제외하면 공적 의료보험이 없다. 때문에 자비로 민간보험에 가입하는데, 요양보험 등 고령자 대상 보험은 보험료도 비싸다. 평균수명은 늘고, 세금과 의료, 요양 비용도 증가하는데 수입은 늘어날 기미가 없다. 이런 사정 때문에 비용을 낮춰도 생활의 질은 크게 낮출 필요가 없는 장소로 이동하기 시작하는 것이다. 세 번째 타입은 세대별로 독립해 따로 살고 있다가 부모-자녀 2세대 혹은 부모-자녀-손자 3세대 등 다세대 가족이 함께 살 수 있는 집으로 이동하는 경우다. 다세대 가정이란 복수 세대가 한 지붕 아래 함께 사는 형태를 말한다. 최근 한 조사에 따르면 향후 10년 사이에 미국 세대의 3분의 1이 다세대 가정이 될 것이라는 전망도 제기되고 있다. 〈고령화 가족〉이 영화의 제목으로 그치는 것이 아니라 또 하나의 트렌드로 자리 잡을 가능성도 있는 것이다.

캥거루족, 당신의 자녀가 노후를 위협한다

일본과 미국의 사례처럼 고령화에 따른 대가족으로의 회귀 현상은 새로운 모습이 될 수 있다. 하지만 영화의 대사 "아니, 근데 저것들은 낫살이나 처먹고 무슨 웬수가 져서 아직까지 늙은 지 에미 등골을 뽑아먹고 있다?"처럼 성인 자녀들이 집으로 귀환하는 것은 자칫 노후 준비를 하는 부모의 발목을 잡을 수 있다. 〈고령화 가족〉처럼 경제적으로 자립하지 못한 상태로 부모에게 의존하는 세대의 모습은 현실 속 '신캥거루족 현상'으로 설명할 수 있다.

본래 캥거루족이란 학교를 졸업한 이후에도 취업을 하지 않고 부모에게 경제적으로 의존하면서 얹혀살거나 취업을 했더라도 경제적인 독립을 못하고 부모에게 의존하는 20~30대 젊은 층을 일컫는 말이다. 어미 캥거루의 주머니에서 보살핌을 받고 살아가는 캥거루를 빗댄 신조어이다. 캥거루족이 우리나라에만 있는 것은 아니다. 미국에서는 대학 졸업 후에도 취업을 못해 경제적으로 독립하지 못하고 부모 곁에서 머무는 자녀를 '낀 세대'라는 의미를 갖고 있는 '트웍스터(Twixter)'라고 부른다. 캐나다에서는 직업을 구하려 이리저리 떠돌다가 결국 집으로 돌아온다는 뜻에서 '부메랑 키즈'라고 한다. 영국에서는 부모 퇴직연금을 축낸다는 뜻에서 '키퍼스(KIPPERS: Kids in Parents Pockets Eroding Retirement Savings)'라고 부른다. 이탈리아에서는 모친이 해주는 음식에 집착한다는 말로 '맘모네(Mammone)'라고 칭한다.

여기에 최근에는 영화 속 모습처럼 신캥거루족까지 등장했다. 신캥거루족은 경제적으로 독립할 나이가 되었음에도 불구하고 비싼 집값, 자녀 양육, 재테크 등의 이유로 부모와 동거하는

신캥거루족의 귀환, 부모와 동거하는 30~40대 인구 추이

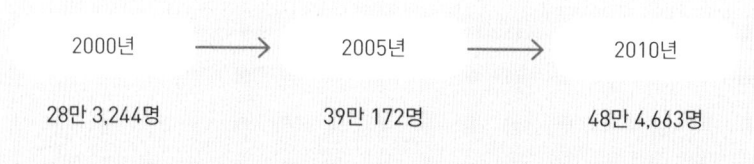

자료: 서울시

30~49세 자녀 세대를 일컫는 말이다. 실제 현실에서도 이 같은 신캥거루족이 늘어나고 있다. 서울시가 발표한 서울 가족 구조 통계에 따르면 2011년 말 기준 서울시 거주 30~49세 성인 중 48만 5,000여 명이 부모가 가구주인 집에서 함께 살고 있는 것으로 나타났다. 10년 전에 비해 91%나 증가한 수치다.

노후에도 자식 뒷바라지하는 부모 세대

신캥거루족의 등장과 연관시켜 볼 수 있는 현상 가운데 '대한민국 60대는 늙은 거미'라는 말이 있다. 늙은 거미는 먹을 게 없으면 새끼에게 자기 살을 내주는 습성이 있다. 자식 뒷바라지에 올인하다 보니 어느 날 갑자기 찾아온 낯선 노후 앞에 속수무책인 것이 대한민국 60대의 현실이다. 그렇다고 자식에게 손을 벌리자니 자식들의 삶 또한 고단하기는 매한가지다. 영화 〈고령화가족〉의 내용도 현실을 반영하듯 환갑을 훌쩍 넘긴 홀어머니 집에서 나잇값 못하는 자식들은 악다구니하며 살아간다. 그래도 자식이라고 식탁에 삼겹살 한쪽이라도 올리려고 악착같이 일하는 건 나이 든 엄마다. 영화의 모습처럼 실제 우리나라의 부모 세대의 삶은 노년에도 고달프다. 소를 팔아서라도 대학 공부를 시키고 신접살림집을 마련해줘야 부모 노릇을 했다고 믿는 한국인들은 늙은 거미처럼 모든 걸 자녀에게 내어주고 하우스 푸어로 늙어간다. 기대수명은 선진국만큼 늘어났지만, 자산이 감소하는 시기는 미국, 일본보다 10년 이상 빠른 60세부터다. 이런 상황을 빗대어 중산층 가족이 일자리도, 소득도, 자산도 없는 '닌자(NINJA: No Income, No Job or Asset) 가족'이란 신조어까지 등장했다. 결국 〈고령화 가족〉은 중국식 표현 '웨이푸시앤라오(未富先老: 잘 살기도 전에 늙는다)'처럼 부자가 되기도 전에 너무 빨리 늙어버린 한국을 살아가는 이 시대 서민들의 초상이다.

그래서일까? 최근 부모들의 인식도 변하고 있다. 무조건 자녀에게 상속하기보다는 자신의 노후 준비를 중요시하고 있는 것이다. 특히 '내 집 한 채는 꼭 쥐고 살아야지' 하면서 주택을 자녀에게 물려주지 않겠다는 노년층이 갈수록 늘고 있다. 과거에는 자녀에게 집 한 채는 물려줘야 한다는 부모님들이 많았으나 기대수명이 늘어나는데 모아 놓은 노후 대비 자산은 부족해지는 등 은퇴 준비 환경이 확 달라지면서 집에 대한 의식도 빠른 속도로 바뀌고 있는 것이다. 이런 현실을 반영하듯 집을 자녀에게 상속하기보다는 거주와 노후 준비를 한 번에 해결할 수 있는 주택연금에 관심을 보이는 경우가 늘고 있다.

또한 노후 준비에 대한 책임 의식도 변하고 있다. 통계청에 따르면 고령자의 생활비는 '자녀 또는 친척(35.4%)' 및 '정부(9.3%)'보다 '본인(55.2%)'이 직접 마련한다고 응답했다. 미국 퓨리서치센터가 세계 21개국의 전 연령층을 대상으로 설문조사한 결과도 이와 비슷한데, 한국에서는 '노후 생계는 본인 책임'이라는 응답자가 유일하게 절반을 넘긴 53%로 나타나 다른 국가에 비해 노후에 대한 자기 책임감이 가장 높은 것으로 나타났다. 이는 사회적 복지수준이 선진국에 비해 낮은데다 국민연금과 같은 공적연금에 노후를 온전히 맡길 수 없다는 데 따른 위기의식이 반영되어 있는 것으로 볼 수 있다.

부모의 현재 모습은 결국 자녀 세대의 미래가 될 수도 있다. 부모 세대가 행복한 노후를 보여주는 것이 궁극적으로 젊은 세대에게 긍정적인 미래상을 제시해줄 수 있기 때문이다. 이를 위해 자녀에 대한 무분별한 지원 대신 본인의 풍요로운 은퇴 후 삶을 챙길 수 있는 조금은 이기적인 부모가 되어보는 건 어떨까?

• 스마트 은퇴스토리 •
한국인 老後, 부모·자녀 포함 '3G설계' 필요

은퇴설계는 은퇴한 후 어떻게 살아갈 것인가를 놓고 재무적 또는 비재무적으로 설계하고 그에 따라 준비하는 것이다. 재무적 설계는 돈이 어느 정도 있어야 한다는 것이고 비재무적 설계는 돈을 넘어 건강과 취미, 가족을 포함한 친구들과의 관계 등도 잘 갖춰야 한다는 것이다. 이 같은 은퇴설계가 나라마다 큰 차이가 없을 것 같지만 연금이나 복지제도, 가족제도와 관습, 노동시장에서의 은퇴 및 정년연령 등에 따라 크게 달라질 수밖에 없다. 그렇다면 우리나라만의 은퇴설계 환경, 즉 한국형 은퇴설계의 특징으로는 어떤 것들이 있을까?

은퇴설계 어려운 이유, 넓고 빨리 오고 부족하다

우선 첫 번째 큰 차이는 은퇴설계의 대상 범위이다. 주요 선진국의 은퇴설계는 부부 중심인 경우가 대부분이다. 특히 부부 중 어느 한 배우자가 먼저 사망할 경우 남은 배우자가 어떻게 혼자서 살아갈 것인가에 초점을 맞추고 있다. 하지만 우리나라는 은퇴설계를 할 때 부부만을 대상으로 해서는 답이 나오질 않는다. 살아 계신 부모님을 봉양해야 하는 데다 자녀의 교육은 물론 결혼 문제까지 얽혀 있기 때문이다. 이에 따라 선진국의 은퇴설계가 부부 중심의

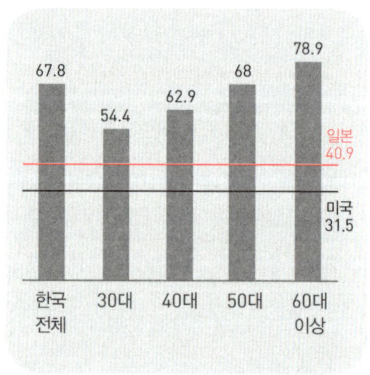

국가 연령대별 부동산 비중

자료: 통계청(2014)

1G(1Generation)설계여서 간단하다면, 우리나라의 은퇴설계는 3G(3Generations)설계로 매우 복잡할 수밖에 없다.

두 번째 특징은 우리나라의 경우 기대수명이 빠르게 늘어나고 있지만 주된 직장에서 은퇴하는 연령은 좀처럼 늘어나지 않거나 오히려 빨라지고 있다는 점이다. 주된 직장에서 물러나는 나이가 53~54세로 주요 선진국들에 비해 무려 7~10년 이상 빨리 은퇴하고 있다. 여기다 남자의 경우 2~3년 군대를 다녀온 것을 감안하면 실제 근로 기간은 더 줄어든다. 2016년부터 정년 60세가 의무화되기 시작하지만 근로 기간이 크게 늘어나기는 어려울 것이다.

세 번째는 우리나라 60세 이상 가구의 자산을 보면 대부분 부동산 위주로 현금 유동성이 크게 부족한 '하우스 리치, 캐시 푸어(House rich, Cash poor)'인 상황에 처해 있다는 점이다. 2014년 통계청의 가계금융 복지조사에 따르면 우리나

한국인(남성)의 퇴직연령과 노후 라이프 사이클

자료: 고용노동부, 통계청

라 전체 가구의 평균 자산은 3억 3,364만 원으로 이 중 부동산이 2억 2,627만 원으로 67.8%를 차지, 주요국 중에서 높은 수준이다. 특히 60세 이상의 경우 총자산 3억 3,660만 원 중 78.9%에 해당하는 2억 6,553만 원을 부동산으로 보유하고 있다. 40~50대에 그나마 모아 놓았던 금융자산을 자녀 교육 및 결혼 비용으로 거의 다 소진하고 집 한 채 달랑 남았다고 볼 수 있다. 특히 60세 이상 가구의 금융자산 5,935만 원에서 부채 4,201만 원을 빼고 난 순금융자산은 1,734만 원에 불과하다. 선진국 국민이 나이가 들수록 부동산 등을 연금화함으로써 연금사회(Pension society)로 가는 것과는 반대로 우리나라는 부동산사회 또는 자산사회(Asset society)로 가면서 당장의 생활비(현금 동원력) 부족에 시달리고 있는 것이다.

노인 빈곤율 최고, 지역별 삶의 차이도 커

우리나라는 연금은 물론 노후 복지제도가 부족함에 따라 노인 빈곤율이 48%대로 OECD 국가 중 가장 높은 수준이다. 농어촌 지역 노인과 도시 지역 노인 사이에 있어서도 삶의 차이가 매우 크다. 농어촌 지역에서 사는 노인들은 노인회관이나 주민복지센터 등에서 낮 시간을 어울려 보내면서 거의 하루 종일 이장, 청년회, 부녀회 등 지역 공동체의 도움을 받는다. 현금 소득은 거의 없어도 마음은 행복한 노후를 보내고 있다고 할 수 있다.

반면 도시 지역 저소득층 노인들은 폐지를 줍는다 해도 입에 풀칠하기도 빠듯한 생활을 이어가고 있다. 주민센터, 복지센터, 종교 공동체 등에서 도시락과 반찬 등을 날라다 주기도 하지만 가난 속에서 외롭게 생을 마치는 노인들이 늘어나고 있다.

우리나라만의 독특한 은퇴설계 환경은 은퇴설계에 부정적 측면이 많을 뿐 아니라 은퇴설계 자체를 어렵게 만든다. 그러나 은퇴설계가 어렵다고 포기하지 말고 거래 금융회사를 찾아가서 전문적 컨설팅을 받는 등 개인의 노력도 필요하다.

part 5

은퇴 후 30년 노후 시나리오

01

죽기 전
돈 다 쓰고
가려면

"손녀 일링(당시 7세)에게는 대학 졸업 시까지 학자금으로 내 주식의 배당금에서 1만 달러를 준다. 아들 일선은 대학까지 졸업시켰으니 앞으로 자립해서 살아가거라. 딸 재라에게는 유한중·공고 안의 (내) 묘소와 주변 땅 5,000평을 물려준다. 아내 호미리는 딸 재라가 노후를 잘 돌봐주기를 바란다. 내 소유 주식 14만 941주는 전부 한국사회 및 교육원조 신탁기금에 기증한다."

1971년 봄에 별세한 유한양행의 창업주 유일한 선생이 남긴 유언장의 일부이다. 유일한은 9세 때 미국으로 가서 고학으로 대학을 졸업한 후 식품회사를 세워 크게 성공했다. 1926년 31세의 나이로 한국으로 돌아와 안정적인 교수직을 마다하고 가난과 병으로 신음하는 동포들에게 좋은 일자리와 약을 제공하는 것이 더 급하다면서 유한양행을 설립했다.

이런 유일한을 우리들 대부분은 청빈한 기업가로만 알고 있지만 온몸을 던져 독립운동에 헌신한 분이기도 하다. 독립운동가 박용만이 미국 네브라스카주에 세운 한인소년병학교를 다닌 이후 투철한 애국심과 민족 사랑으로 일생을 살았다. 일제의 압박이 거세진 1930년대 후반에는 미국에 거주하면서 재미한족연합위원회 산하 한인국방경위대 맹호군(猛虎軍) 창설에 주도적 역할을 하였다.

특히 1941년 일본의 진주만 폭격으로 태평양전쟁이 발발하자 미군 전략정보처(OSS)의 한국 담당 고문으로 활약했다. 1945년에는 재미 한인들을 훈련시켜 국내에 침투시키는 '냅코 계획(Napko Project)'의 행동 대원으로 직접 참여했다. 기업 경영은 물론 필요하다면 조국과 동포를 위해 온몸을 던지려 했던 유일한의 애국심과 충정, 그의 노블레스 오블리주(Noblesse Oblige)는 영원할 것이다. 정부는 뒤늦게 그에게 1995년 건국훈장 독립장을 추서했다.

기부가 자녀들에게 물려주는 유산

유일한 외에도 우리는 예부터 내려오는 부자들의 훌륭한 전통과 아름다운 선행을 많이 알고 있다. 10대 300여 년을 이어온 경주 최부자댁, 정직과 신의로 돈을 벌어 가난을 구제한 거상(巨商) 김상옥, 조선의 첫 여성 CEO 겸 자선가 김만덕, 일제강점기 시절 평양의 고결한 여성 부자 백선행 등이다.

"저한테는 기부가 자손들에게 물려줄 유산입니다." 한국 아너 소사이어티(Honor Society)의 1호 회원인 남한봉 유닉스코리아 회장의 말이다. 아너 소사이어티는 사회복지공동모금회의 1억 원 이상 고액 기부자들을 가리키는 일종의 명예의 전당이다. 2007년 12월 남 회장이 첫 번째 회원으로 가입한 이후 2010년대 들어 매년 2배씩 늘어나면서 회원 수가 2015년 8백여 명에 달하고 있다. 기업인이 427명으로 절반을 넘고 전문직 86명(10.3%), 자영업자 48명(5.7%)의 순이고 기업체 임원과 공무원, 스포츠인, 방송·연예인도 찾아볼 수 있다.

돈 많은 부자만 있는 것도 아니다. 2014년 11월 627번째 회원으로 가입한 김방락 선생(68)을 만나보자. 특전사 부사관을 거쳐 군무원으로 30년 넘게 근무하다가 은퇴한 후 10년 남짓 한 대학의 경비원으로 근무하고 있다. 지금도 그다지 넉넉하지는 않지만 어려웠던 때를 생각하면서 경비생활 10여 년 동안 번 돈을 모두 기부하기로 한 것이다. 공무원 연금(200만 원)과 베트남 참전 수당(22만 원)으로 생활비를 하고, 경비원 월급 120만 원은 모두 기부하는 셈이다. 휴가라고는 군무원 때 30년 재직 기념으로 5일을 다녀온 게 전부란다. 제주도도 못 가봤고 외국은 베트남 파병 때 간 것밖에 없다.

외국으로 눈을 돌려보자. 미국의 철강왕 앤드루 카네기는 '부자로 죽지 않기 위해'라는 소신대로 은퇴 후 여생을 기부 등 사회 헌신으로 살다가 미국 부자의 롤모델이 되었다. 이 같은 전통을 이어받아 부자 서열 1, 2위를 다투는 마이크로소프트의 빌 게이츠와 투자의 귀재 워런 버핏은 기부 금액에서도 순위를 다투고 있다. 뿐만 아니라 페이스북의 창업자 마크 주커버그가 수조 원대의 기부를 하는 등 떠오르는 신흥 부자들도 기부 대열에 적극적으로 동참하고 있다. 최근에는 사우디아라비아의 알 왈리드 빈 탈랄 왕자가 320억 달러(36조 원)에 달하는 개인 재산 전부를 기부하겠다고 밝히기도 했다.

그럼 열심히 벌어서 사회에 기부하고 환원하는 것만이 최선이고 잘하는 일일까? 아니다. 사람마다 생각과 철학이 다르다는 점에서 일률적인 잣대를 들이댈 수는 없다. 기부와 마찬가지로 상속 또한 인간으로서 당연히 가지는 삶의 동기이자 보람의 하나이기 때문이다. 가난한 가운데서 열심히 일해 번 돈을 자손들에게 물려줌으로써 그들이 나와는 달리 좀 더 윤택하고 안정된 삶을 살았으면 하는 부모로서의 바람을 누가 탓할 수 있을까?

다만 남과 더불어 사는 세상에서 나보다 못한 사람들을 돌아보자고 권할 수는 있을 것이다. 배고프고 아픈 사람들을 돌아보다 보면 더 많은 좋은 일들이 생겨날 것이고 거기서 남다른 보람과 성취감을 얻는 부자들이 많아질수록 따뜻하면서도 살기 좋은 세상으로 바뀌어갈 것이다. 따라서 기부 또는 봉사를 강권하기보다는 더 많은 사람들이 자연스럽게 동참하는 사회적 분위기를 만들어가는 것이 무엇보다 중요하다고 할 것이다.

은퇴하지 않는 사람이 없는 것처럼 죽지 않는 사람도 없다

사람들은 누구나 소득 및 재산수준이 높아질수록 고민에 빠지게 된다. 가진 돈, 늘어나는 돈을 어떻게 관리할 것인가 하는 문제이다. 돈의 관리는 크게 3How, 즉 '어떻게 투자할 것인가(how to portfolio), 어떻게 쓸 것인가(how to use), 어떻게 물려줄 것인가(how to pass down)'로 나눌 수 있다. 이 세 가지를 강조하는 것은 이 중 어느 하나라도 소홀히 할 경우 우리의 삶이 유종의 미를 거두기 어렵기 때문이다.

은퇴하지 않는 사람이 없는 것처럼 죽지 않는 사람도 없다.《다

쓰고 죽어라(Die Broke)》의 저자 스테판 폴란이 주장한 바와 같이 영원히 살 것처럼 돈에 연연하지만 말고 나와 내 가족은 물론 한 걸음 더 나아가 사회와 국가의 삶의 수준과 의미를 향상시키는 일에 돈을 쓸 줄 알아야 한다. 아닌 말로 일본 사람들처럼 돈을 움켜쥐고만 있으면 나와 내 가족을 넘어 그 사회와 경제도 병들고 불행해질 뿐이다. 투자도 하고 그러면서 손해도 보고 이익도 보고 쓸 건 쓰고 물려줄 건 물려줄 줄 알아야 한다. 그래야 돈으로부터 해방되면서 진정한 삶의 재미와 행복을 얻을 수 있을 것이다.

02

조선시대
왕에게 배우는
베푸는 삶

베푸는 삶은 좁은 의미로 보면 자원봉사나 기부 같은 사회 공헌 활동이라고 볼 수 있지만, 넓게 보면 남을 위해 생각하고 배려하는 마음가짐 모두를 다 아우르는 표현이라고 할 수 있다. 우리는 어릴 때부터 자연스럽게 옛날이야기나 속담으로 이러한 베푸는 삶의 중요성에 대해 접해왔다. 흥부전에 나오는 박씨 물고 온 제비가 있고, 은혜 갚은 까치나 은혜 갚은 두꺼비, 은혜 갚은 꿩… 심지어 팥죽 할머니와 호랑이에서는 맷돌이나 절구, 멍석과 지게 같은 한낱 사물들까지 은혜를 갚곤 한다. 이처럼 동물이나 사물들도 은혜를 갚고 산다는데, 우리 사람들이 넉넉한 마음으로 남을 배려하며 살아간다면 언젠가는 좋은 일로 돌아오는 것이 당연하다. 이런 베푸는 마음은 동화뿐만 아니라 실제 역사에서도 많이 엿볼 수 있는데, 대표적으로 세세한 부분까지 백성들의 삶을 배려한 조선의 왕들을 들 수 있다.

세종의 출산휴가 정책과 성종의 결혼 비용 지원 정책

세종은 특히 노인이나 노비, 죄인과 같은 사회적 약자의 복지를 많이 생각한 왕이었다. 당시에 노비가 출산을 하면 통상 1주일의 휴가가 주어졌는데, 세종은 1주일로는 산모가 몸을 추스르기 어렵다고 보고 출산 1개월 전부터 출산 후 100일까지 약 4개월간의 출산휴가를 주었다. 또한 남편에게도 한 달간 휴가를 주어 아내와 아이를 보살피게 했다고 한다. 600년이 지난 지금도 일반적인 직장의 출산휴가가 3개월인 점을 감안하면 세종이 얼마나 노비의 삶을 배려하고 있는지 알 수 있다. 죄인의 경우, 미결수나 죽을죄가 아닌 죄수들이 감옥에서 질병이나 추위 등으로 죽는 것을 안타깝게 보고, 서늘한 감옥과 따뜻한 감옥으로 구분해 가혹한 더위나 추위에 시달리지 않게 했다고 한다. 또한 남녀 감옥을 따로 두어 생활을 편하게 하고, 질병 예방을 위해 목욕의 기회도 제공하는 등 처벌보다는 죄수들의 교화에 힘을 썼다고 한다.

세종과 더불어 조선의 명군으로 칭송받는 성종 역시 파격적인 애민 정책을 실시했다. 30세가 되도록 결혼을 하지 못한 가난한 집안의 자손에게 혼수 비용을 대주어 결혼을 시키고, 아예 경국대전에 법으로 정해두어서 후대 왕들도 이러한 정책을 지키게 한 것이다. 요즘 삼포 세대, 오포 세대 이러면서 결혼을 포기한 젊은 이들이 많은데 이미 조선 시대부터 이러한 정책을 펼쳐왔다는 점은 놀랍지 않을 수 없다.

도움을 주면 외로움이 사라진다

그렇다면 조선의 왕도 아닌 평범한 사람들이 베풀 수 있는 방법은 무엇이 있을까? 가장 쉬운 방법은 역시 기부나 자원봉사가 있다.

먼저 기부라고 하면 평생 식당에서 일해 번 돈 몇 억을 대학에 기부한 것 같은 큰일을 생각하기 쉽지만, 사실 기부는 그렇게 부담스러운 일이 아니다. 집으로 정기적으로 날아오는 적십자 회비를 납부하거나 연말 구세군 냄비에 넣는 몇천 원도 훌륭한 기부이다. 통계청 자료를 보면 우리나라 60대 이상 고령자 4명 중 1

명(24%)은 매년 현금 기부를 하고 있다고 한다. 소득이 없어져 주머니 사정이 넉넉지 못한 경우도 많겠지만 그런 속에서도 베푸는 마음을 잊지 않고 있는 것이다. 다음으로 자원봉사는 돈을 들이지 않으면서도 누군가에게 도움을 준다는 만족감과 개인적인 건강 차원에서도 크게 도움이 되는 활동이다. 보건복지부 조사에 따르면 공식적으로 자원봉사자로 등록한 사람 가운데 60대 이상 고령자가 5만 9천 명이며, 이 중 9천 명 정도가 매달 정기적으로 활동하고 있다고 한다.

  은퇴 후에 봉사활동을 한다는 건 다른 누군가를 만나 소통하고 도움을 준다는 뜻인데, 다른 사람과 자주 만날수록 외로움도 줄어들고 우울감을 해소할 수 있게 된다. 햇빛도 보고, 몸을 활동적으로 움직이기 때문에 마음 건강뿐만 아니라 신체적인 건강에도 큰 도움이 된다. 그리고 내가 누군가에게 도움이 되고 있다는 생각이 들기 때문에 나의 자존심, 자긍심도 높아질 수 있다.

  은퇴 후에는 갑자기 하던 일이 사라지고, 내가 설 곳이 사라져 자칫 세상 어디에도 나를 필요로 하는 곳이 없다는 생각이 들 수 있다. 이런 시기에 내가 봉사한 곳의 사람들이 고맙다는 인사를 하거나 후원 아동이 작은 편지를 보내온다면 마음을 다잡는 데에 큰 위로가 될 것이다.

03

1인 가구는 있어도 혼자 사는 세상은 없다

 희끗희끗한 머리에 언제나 화난 듯 보이는 까칠한 인상의 노인이 눈앞에 서 있다면 어떨까? 십중팔구는 노인에게서 괜한 불똥 튀지 않게 피해 갈 듯하다. 이는 바로 스웨덴 작가 프레드릭 베크만의 소설《오베라는 남자》의 주인공 오베의 모습이다.

 오베는 다른 사람들과 쓸데없이 교류하는 걸 싫어하고 원칙을 지키지 않는 이웃들에게 서슴없이 된소리를 하는 까칠한 59세 남자다. 그는 반년 전 아내 소냐가 세상을 떠난 이후 혼자 살아왔는데, 갑자기 30여 년간 일해온 직장에서 해고되고 만다. 상실감을 느낀 그는 결국 아내의 곁으로 가기 위해 스스로 목숨을 끊을 준비를 한다. 하지만 그가 자살을 시도할 때마다 자꾸 이웃들이 그의 집에 방문하여 의도치 않게 방해를 한다. 특히 새로 이사 온 앞집의 임산부 파르바네는 오베에게 수시로 찾아와 적극적으로 말을 붙인다. 오베는 골치 아파하면서도 점차 이웃들과 접점을 만들게 된다.

노후는 생각보다 길고 특히 혼자 산다면 더 길게 느껴질 수 있다. 흔히 인생을 마라톤에 비유하는데 은퇴 후야말로 약 30여 년이라는 장거리 달리기를 준비해야 하는 때다. 많은 사람들이 이 긴 시간을 보내기 위해 세계 여행같이 특별한 이벤트를 구상하지만 보다 중요한 것은 매일 찾아오는 긴 일상을 알차게 채우는 일이다. 소설《오베라는 남자》를 통해 은퇴를 맞이한 1인 가구가 긴 노후를 씩씩하게 살아가기 위한 세 가지 방법 A · C · E를 알아보자.

Active: 혼자일수록 적극적으로 활동하라

아내가 죽은 후 오베의 부엌은 먼지투성이에 아내의 생활용품들이 그대로 놓인 채 방치되어 있었다. 그는 아내의 죽음을 온전히 받아들이지 못하고 아내의 공간이었던 부엌을 그대로 두었던 것이다. 외로움을 견디지 못한 그는 적막한 거실 한가운데에 밧줄을 매고 목숨을 끊으려 마음먹는다.

혼자 외로이 늙어가는 것은 괴로울 뿐 아니라 위험하기도 하다. 혼자 사는 노인은 급환이나 사고 등 무슨 일이 생겨도 돌봐줄 사람이 없기 때문이다. 결국 자칫 생명을 위협하는 위험한 상황에 놓일 가능성이 높다. 홀로 살다가 아무도 모르게 죽음에 이르는 고독사는 사회활동이 없는 노인의 극단적인 사례라고 볼 수 있다. 지난 2010년 일본 NHK의 다큐멘터리 〈무연사회(無緣社會): 무연사 3만 2천 명의 충격〉은 고독사의 주요 원인으로 현재 약 25%를 상회하는 일본의 높은 독신 가구 비율을 꼽았는데, 이는 우리나라도 예외가 아니다. 소설 속 오베처럼 외로움과 상실감으

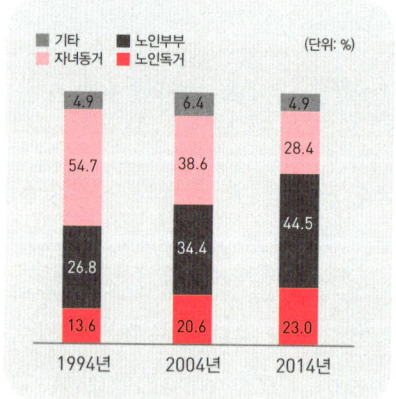

노인 가구 형태 변화

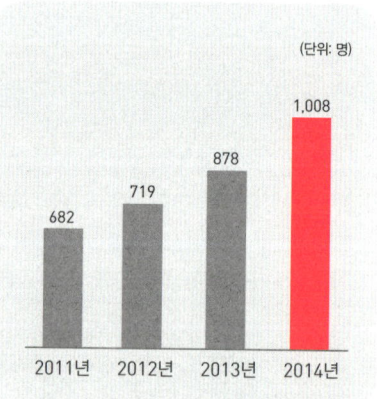

무연고 사망자 추이

자료: 보건복지부(2014)

로 인해 자살이라는 극단적인 선택을 하는 경우도 적지 않아 사회적 문제가 되고 있다.

이미 우리나라 65세 이상 노인 약 4명 중 1명(23.0%)은 혼자 살고 있다. 또한 단둘이 사는 노인부부 가구도 44.5%로, 이 중 1명이 먼저 사망할 경우를 감안하면 노인독거 가구는 앞으로 더욱 빠르게 증가할 전망이다. 심지어 연락할 수 있는 친척이나 친구가 없어 외로이 장례를 치르는 무연고 사망자도 2014년 1천 명을 넘어 매년 증가하는 추세에 있다.

이러한 외로운 노후를 피하려면 무엇보다도 사람들과 적극적으로 어울리려는 의지가 필요하다. 1인 가구라고 해서 모두가 외롭게 살아가란 법은 없다. 이혼, 사별 등으로 함께하던 가족을 잃는 것은 큰 스트레스지만, 다시 일어서기 위해 일부러 새로운 활동을 시작하는 것이 도움이 될 수 있다. 특히 그 과정에서 다른 사람이나 단체와 연관되어 새로운 관계를 쌓을 수 있다면 외롭지 않은 노후로 연결될 것이다.

Community: 관계의 단절은 독약이다

배우자의 사망으로 낙심하여 죽기로 결심했던 오베를 살린 것은 다름 아닌 그의 이웃들이었다. 특히 주된 역할을 한 것은 이웃

집 임산부인 파르바네다. 만삭의 임산부답지 않게 활동적이고 적극적인 그녀는 무뚝뚝한 오베에게 병원까지 운전을 부탁하거나 자신의 아이들을 돌봐주기를 청한다. 아내가 죽은 후로 이웃과의 교류가 거의 없었던 그였지만, 점차 생각이 바뀌고 자신의 일처럼 먼저 도와주게 된다. 매일 혼자서 동네 산책을 하던 시간도 새벽에서 이웃과 함께 이야기를 나눌 수 있는 낮 시간으로 바뀐다. 투박하지만 이웃들의 고민을 그냥 흘려보내지 못하는 그에게 친구가 하나 둘씩 생긴다.

의지할 가족이 없는 1인 가구에게 친구는 필수지만 오랜 노후를 함께 할 친구를 얻기는 쉽지 않다. 일반적으로 은퇴를 하면 그동안의 경력과 소득이 단절되는 것은 물론이고, 인적 네트워크마저 급격하게 약화되는 경향이 있다. 개인 친분이 있는 몇몇 지인을 제외하면 직장 인간관계의 단절을 피할 수 없기 때문이다. 지인 중에서 만난 지 얼마 되지 않았는데 서둘러 결혼한다는 사람이 있어 사정을 물어 보았더니, 신랑신부의 아버지가 퇴직하면 결혼식 하객이 많지 않기 때문에 양가에서 바랐다는 것이 주된 이유였다. 야박하게 느껴질 수도 있지만 서로가 놓인 상황과 생활 패턴, 관심사가 달라지면서 피하기 어려운 현상이다. 친한 사이더라도 거주지가 멀수록 시간과 비용 때문에 자주 만나기 부담스러운 경우도 있다.

따라서 노후에는 주거지역에서 이웃 주민들과 함께 커뮤니티를 형성하는 경우가 많다. 최근 귀농·귀촌 인구가 늘어나고는 있지만, 대부분 사람들에게 노후에 가장 많은 시간을 보내게 될 장소는 오랜 시간 거주하여 익숙해진 자신의 집 근처이다. 이에 따라 노후를 내 집에서 지내고 싶다는 개념이 많은 사람들의 공감을 얻고 있다. 자연히 이들의 은퇴 후 생활 반경은 주거지역 근처로 집중되는데, 특히 비슷한 연령대의 동네 사람들을 만날 수 있는 노인복지시설이 선호된다.

대표적인 우리나라의 노인복지시설로 경로당과 노인복지관을 꼽을 수 있다. 경로당은 가장 보편화된 노인여가복지시설로, 2013년 기준 전국 6만 3천 개를 넘는다. 한국보건사회연구원에 따르면 노인의 4명 중 1명꼴인 25.9%가 경로당을 이용하고 있으며, 향후 이용을 희망하는 노인도 현재 이용 수준보다 높은 34.2%에 달한다. 특히 '친목 도모(85.5%)'가 압도적인 경로당 이용 이유로 나타났다. 한편 노인복지관은 이와 달리 '여가 프로그램 이용(53.2%)'이 가장 높아 경로당에 비해 친구 교류보다 체계적인 시설 프로그램을 즐기고 싶은 경우 보다 적합한 시설이라 할 수 있다.

또 이웃의 범위는 점차 확대될 것으로 예상된다. 이웃이란 반드시 물리적으로 가까운 사람에 한정되는 것이 아니다. 요즘같이 옆집에 누가 사는지도 모르는 세상에 이웃과 친하게 지내는 것이 어색할 수도 있다. 특히 몇십 년간 직장에 다니느라 오히려 집 근처에 지인이 없는 경우도 많다. 대신 발달된 인터넷과 온라인 커뮤니티를 활용할 수 있다. 인터넷 상으로 대화를 나누거나 등산 동호회처럼 같은 취미를 가진 사람들끼리 모여 만나는 경우도 많다. 인터넷 사용에 어려움을 겪지 않는 젊은 준고령자의 고령층 유입에 따라 향후 고령층의 인터넷 이용률은 증가할 것으로 전망된다.

Expert: 한 분야라도 전문가가 되어라

배우자의 죽음 다음으로 오베를 힘들게 한 것은 직장으로부터의 해고였다. 사실 59세의 그는 노인이라 부르기엔 젊고, 두 손으로 성인 남자를 들어올릴 수 있을 정도로 뛰어난 체력을 가지고 있었다. 하지만 평균연령 31세의 젊은 동료들 사이에서 그는 이미 나이 든 세대였고, 어느 날 회사로부터 퇴직 통보를 받게 된다. 그 일은 반평생을 일하며 살아온 그에게 큰 상실감을 주기에 충분했다. 하지만 젊은 시절 철도회사 건설 현장에서 일한 그에게는 집을 짓거나 차를 수리할 수 있는 전문적인 능력이 있었다. 이웃들과 교류하게 된 이후 오베는 동네 거의 모든 집을 찾아가 이것저것 수리하며, 이따금 "낮에 뭔가 할 일이 계속 있으니까 가끔 꽤 괜찮긴 해."라고 중얼거린다.

1인 가구의 노후생활을 위한 세 번째 전략은 바로 한 분야의

Expert(전문가)가 되는 것이다. 혼자 사는 가구는 노후에 기댈 수 있는 다른 가족 구성원이 없기 때문에 자신의 능력에 기대야 한다. 이때 전문성을 쌓을 분야는 현직에 있을 때의 경험을 살릴 수 있는 쪽도 좋고, 반대로 새로운 분야에 도전하는 것도 좋다.

전문가가 되기에 늦은 나이는 없다. 특히 소설 속 오베처럼 이제 정년을 바라보는 중장년의 나이에는 더욱 그렇다. 노인으로 분류되는 연령의 기준이 점차 높아지고 있는데, 보건사회연구원의 설문조사에 따르면 노인의 기준 연령으로 일반 국민의 53.0%가 법정 정년을 훌쩍 넘은 70대 초반을 꼽았다. 실제로 한국인이 모든 일에서 최종적으로 은퇴하는 나이는 OECD 국가 중 가장 늦은 71세다. 노후 준비가 덜 되어 늦은 나이까지 생계를 위해 일한다고 볼 수도 있지만 한편으로는 '일을 그만두면 늙는다'는 생각도 기여한다고 볼 수 있다.

전문성의 개발이 은퇴 후 재취업으로 이어질 수 있다면 더욱 좋다. 재취업은 노후생활비를 충당할 뿐 아니라 일 자체와 동료들과의 교류도 즐길 수 있는 기회가 될 수 있다. 통계청에 따르면 지난 해 55세~79세 고령층이 노후에도 재취직을 하려는 목적으로 '생활비에 보탬(54.0%)' 다음으로 '일하는 즐거움(38.8%)'을 꼽았다.

언젠가 다가올 혼자를 대비하라

소설 《오베라는 남자》는 세계 30개국 이상에서 베스트셀러를 차지했다. 은퇴한 한 남자의 이야기를 담아 언뜻 평범해보이는 이 소설이 수많은 독자들의 공감을 받은 것은 어떤 이유일까? 무엇보다도 오베가 우리 시대 은퇴자들의 단면을 투영하는 데 그 매력이 있을 것이다. 그의 무뚝뚝함 속에 숨겨진 따뜻한 인간성 또한 마찬가지다. 그는 한때 세상에 미련을 버렸지만, 다시 사회 속으로 돌아가 이웃들과 소소하게 행복한 일상을 꾸려 나간다. '모든 사람은 언젠가는 혼자가 된다'는 말이 있다. 1인 가구가 되더라도 외롭지 않은 노후를 위해 보다 활동적으로 공동체에 소속되어 전문성을 지킬 필요가 있다. 바로 오베처럼 말이다.

여보
시골 가서
살자

KBS〈인간의 조건〉이라는 예능 프로그램은 도시 농부에 대해 다루며 도시인들이 각박한 도심 속에서 농사를 짓고 그 작물을 거둬가는 과정을 보여줌으로써 편리한 문명이지만 건강하지는 못한 환경에서 벗어나자는 화두를 제시했다. 이 프로그램은 도시 남자 6명이 농사에 도전하는 이야기지만 이는 최근 노후설계에 부는 귀농·귀촌 바람과 이어져 있다고 볼 수 있다.

귀농은 생활에 필요한 소득 대부분을 영농을 통해 조달하는 반면에 귀촌은 농업 이외의 부문 예컨대 연금, 이자, 임대 소득이나 펜션, 체험시설 등의 운영을 통해 얻는 차이가 있다. 즉, 귀농은 완전한 농가생활을 뜻하지만 귀촌은 거주지가 농가더라도 꼭 수입이 영농을 통해서만 이뤄지지는 않는다.

인기의 재점화, 귀농·귀촌의 열풍

이렇듯 여러 가지 이유로 2000년대 초반 인기를 끌다 잠시 주춤했던 귀농·귀촌 열풍이 최근 다시 뜨거워지고 있다. 특히 귀촌 가구의 증가세가 두드러지는데, 2014년 귀촌 가구는 33,442가구로 전년 대비 55.5% 늘어나 귀농 가구 증가율인 2.0%를 크게 앞질렀다. 귀농 가구는 경북, 전남, 경남의 순으로 이주했지만, 귀촌 가구가 이주한 지역은 경기, 충북, 제주 순으로 귀촌의 경우에는 수도권 근처의 생활 여건이 좋은 지역 또는 자연 경관이 좋은 지역을 선호하는 것으로 나타났는데, 이는 귀농과 귀촌의 차이를 생각해보면 당연한 현상일 것이다.

가구주의 연령을 보면 50대의 귀촌이 29.6%, 귀농이 39.6%를 차지해 가장 많았는데, 특이한 것은 1인 가구의 비중이 귀촌(50.5%), 귀농(59.2%) 모두 절반을 넘어서며 가장 많고, 그중 남성의 비중이 훨씬 높다는 점이다. 나라 전체의 1인 가구 비율은

해마다 늘어나는 귀농·귀촌 인구

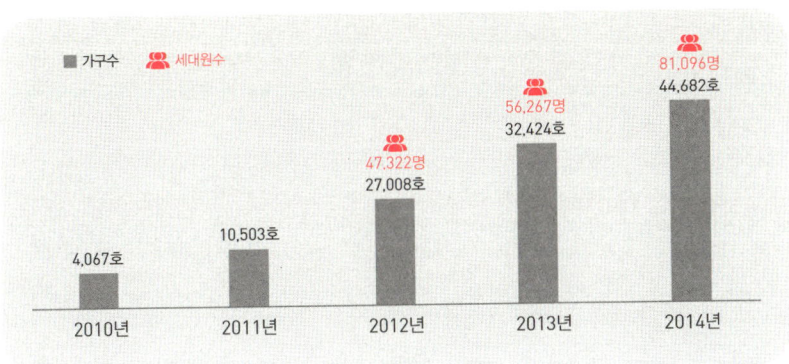

자료: 통계청

2012년에 25%를 넘어섰으며, 이런 추세라면 2025년에는 30%를 넘어설 것으로 예상되고 있어 귀농·귀촌의 남성 1인 가구 증가세는 예사롭지 않아 보인다.

1인 남성 가구의 귀농·귀촌이 뜬다

귀농·귀촌에서 남성 1인 가구가 급증하는 이유는 부부간에 의견이 맞지 않아 아내는 도시에 남고 남편만 내려가는 경우가 많기 때문이라고 한다. 물론 자녀 교육 문제 등으로 나홀로 귀농·귀촌행을 택한 경우도 많겠지만 근본적으로 귀농·귀촌에 대한 남편과 아내의 견해차가 크다고 한다. 한 연구소가 시행한 설문조사 결과를 보면 남편들은 전원생활이 쉬운 대도시 근교나 지방 중소도시로 이주하겠다는 답변이 80%지만, 아내들은 52%가 현 거주지 내에서 이주하길 원하거나 대도시생활을 선호하는 것으로 나타났다.

아무래도 도시의 편리한 인프라 속에서 살다가 농촌으로 내려가면 여러 가지 불편한 점이 많을 것이다. 남편들은 그런 불편을 감수하고라도 은퇴 후 '공기 좋고 한적한 환경, 텃밭 등의 소일거리'를 원하는 반면, 아내들은 '대도시 진입 1시간 이내, 문화·레저 등 편의시설, 친교 모임과 쇼핑 편의' 등을 중요하게 생각해 부부간에 추구하는 바가 상당히 다른 것이다.

부부간의 충분한 대화와 협의가 필요하다

주거지를 결정하는 것은 은퇴 준비의 핵심 변수로, 부부간에 충분한 대화를 통해서 최적의 타협점을 찾는 것이 중요하다. 특히 귀농·귀촌은 새로운 환경에서 새로운 삶을 시작하는 것이기 때문에 부부간 갈등 이외에도 해결해야 할 문제가 많다. 예를 들어 현지 정착에 실패해 다시 도시로 돌아오게 되는 경우 그에 따른 경제적 손실 및 심리적 상처 또한 클 수 있다.

한국농촌경제연구원이 최근 발간한 보고서에 따르면 귀농·귀촌인들은 여유자금 부족, 영농기술 습득 등의 애로사항 이외에도 지역 주민과의 갈등이 상당한 것으로 나타났다. 귀농·귀촌인의 33.9%가 마을 사람들의 선입견과 텃세로 갈등을 겪고 있고, 집·땅 등 재산권을 침해받은 경우도 24.3%나 된다. '백지장도 맞들면 낫다'는 말이 있듯이, 이런 어려움을 겪을 때 혼자보다는 부부가 머리를 맞대어 해결책을 찾고 같이 대응한다면 지역사회에 하루빨리 적응하는 데 도움이 될 것이다.

부부간 합의가 안 돼 남편이 나홀로 귀농·귀촌을 하는 경우 이런 어려움을 겪으면서 부부간의 갈등이 더 커질 가능성이 높다. 2014년에 결혼한 지 20년이 넘은 부부의 이혼, 즉 황혼이혼은 3만 3,140건으로 전체 이혼의 28.7%를 차지하며 가장 많았다. 부

귀농·귀촌인의 정착 실태 조사(복수 응답)

귀농·귀촌 관련 애로사항	
여유자금 부족	47.2%
영농기술 습득	27.4%
농지 구입의 어려움	25.5%
생활여건 불편	23.8%
지역주민과의 갈등	16.1%

마을 주민들과의 갈등 요인은?	
갈등 없음	38.4%
귀농인에 대한 선입견과 텃세	33.9%
재산권 침해(집, 땅)	24.3%
농촌에 대한 이해 부족	15.4%
모임의 참여 문제	12%

자료: 한국농촌경제연구원(2015)

부가 각자 선호하는 삶을 살면서 서로를 더 잘 이해하고 좋은 관계를 유지하는 경우도 있지만, 따로 지내는 동안 갈등이 쌓인 채 서로 오해를 풀지 못하게 되면 황혼이혼이라는 극단적인 결과에 이를 수도 있다는 점을 간과해서는 안 된다.

귀농·귀촌으로 하는 노후자금 마련

귀농·귀촌의 경우 노후생활에 경제적인 도움이 되는 요소가 많다. 일반적으로 도시의 집값이 더 높으므로 도시의 집을 처분하고, 시골로 옮길 경우 상당한 금액의 차액이 발생하기 때문에 일시납 즉시연금 등으로 연금화할 경우 생활비에도 보탬이 된다. 게다가 최근에는 노후생활에 대한 인식도 많이 바뀌어 자녀에게 생활비 도움을 받지 않고, 본인 스스로 노후 준비를 하고 싶어 하는 비율도 점점 증가하고 있다.

최근 주택금융공사의 설문조사에 따르면 주택을 자녀에게 상속하지 않겠다고 응답한 비중은 2008년 12.7%에서 2013년 25.7%로 2배 넘게 증가했다. 앞서 언급한 것처럼 귀농·귀촌생활에 적응하지 못하고 다시 도시로 돌아오게 되었을 때 큰 경제적 손실은 물론 주택에 대한 상속 문제로 가족 간 불화가 발생하곤 한다. 그렇기 때문에 귀농·귀촌을 결정하기 전에 배우자나 자녀들과 미리 상의하는 과정을 거쳐 본인의 의사를 가족들에게 충분히 전달해두는 것이 필요하다.

또한 귀농·귀촌을 준비할 때에는 생활비, 영농에 대한 충분한 준비와 계획 등 경제적인 여건, 주거 환경과 사회적 참여 기반 등 사회적인 여건, 그리고 보건의료서비스와 문화 여가시설 등도 꼼꼼하게 고려해서 신중하게 계획을 세워야 한다. 그리고 이 모든 것에 앞서 가장 중요한 것은 부부간의 이해와 존중 그리고 대화와 타협을 통한 합의가 아닐까? 우리 선조들의 지혜가 담긴 명언 '가화만사성(家和萬事成)'의 소중한 의미를 다시 한 번 생각해볼 때이다.

· 스마트 은퇴스토리 ·
성공적인 은퇴 이주에 필요한 '5C'

은퇴 후 이주를 고려할 때에는 젊었을 때와 달리 노후에는 새로운 곳으로 이사를 하고 적응하는 일이 쉽지 않다는 점을 잊지 말고, 사전에 여러 요인들을 꼼꼼하게 따져보아야 한다. 은퇴 이주를 준비할 때에 고려할 요인은 크게 5가지가 있다.

첫째, 합의(Consensus)다. 은퇴 후 이주에 대한 부부간의 견해 차이가 크다. 일반적으로 남성들은 자신이 속해 있는 지역 공동체에 대한 충성도가 낮고 자연환경에 대한 선호도가 높다. 반면 여성들은 지역 내 사람들과의 교류와 편의성 등을 높게 평가함에 따라 거주 환경 변화에 부정적이다. 따라서 부부간의 합의를 통해 은퇴 후 이주로 발생할 수 있는 갈등의 불씨를 사전에 예방해야 한다.

둘째, 환경(Circumstance)이다. 은퇴 후 인생 2막을 준비하기 위해 새로운 주거지로 옮겨가는 사람들에게 쾌적한 주변 환경은 매우 중요한 요인이다. 베이비붐 세대는 산 좋고 물 좋은 쾌적한 자연환경을 선호하는 경향이 높다. 보건사회연구원의 2010년 조사에서 조사 대상인 전국 베이비부머 3천 명이 은퇴 후 거주지 선택 시 조건을 묻는 질문에 '자연환경(47.3%)'을 최우선으로 꼽았다.

셋째, 건강 상태(Condition for Health)다. 건강 상태에 대한 고려도 중요하다. 보건사회연구원에 따르면 남성은 64세, 여성은 66세 이후에 평생 의료비의 절반을 사용한다. 그만큼 노후엔 의료시설에 쉽게 접근할 수 있어야 하니 주변에 어떤 의료시설이 있는지 잘 따져봐야 한다. 자연환경을 과도하게 중요시해 외딴곳에 거주지를 정하는 바람에 노후에 몸이 아파 병원에 가는 게 어려워지는 일을 막아야 한다.

넷째, 비용(Cost)도 무시할 수 없다. 경제적인 측면에서 은퇴 후 가장 큰 변화는 현역 시절 정기적으로 받아온 급여를 받지 못하는 것이다. 소득이 줄어드는 만큼 소비를 줄여야 하지만 사실 소비 금액을 줄인다는 것은 어려운 일이다. 실제로 60세 이상의 소비지출 규모를 살펴보면 주거·수도·광열이 차지하는 비중은 14.4%로 식료품·비주류 음료(19.7%)에 이어 두 번째로 높은 것으로 나타나 기존의 지출을 줄이는 것이 쉽지 않아 보인다. 은퇴 후 자신의 상황에 맞는 주거지역을 선택해 주거는 물론 교통비나 식료품비와 같은 필수적인 소비지출에 대한 효율적인 관리가 필요하다.

다섯째, 공동체(Community)의 중요성도 간과해서는 안 된다. 은퇴 후 직장 동료나 친구들과 일절 교류를 끊고 고립되는 것은 좋은 선택이 아니다. 아내도 남편이 갑자기 집에서 빈둥거리면 참는 것이 쉽지 않다. 은퇴 전부터 은퇴 후에 어떻게 생활할지 깊이 고민해 취미를 찾거나 인적 네트워크를 가져야 한다. 최근에는 은퇴자들의 이러한 니즈를 충족시켜 주기 위해 지역 공동체에 참여해 활동할 수 있는 프로그램이 많아지고 있으니 지역 내 프로그램을 활용하는 것도 좋은 선택이 될 것이다.

part 6

아름다운 마무리 웰다잉

01

아름다운 삶의 마무리, 웰다잉

영화 〈아무르(Amour)〉의 주인공 안느와 조르주는 나름 성공한 음악인 부부로, 서로를 잘 챙겨주는 잉꼬부부다. 행복한 노후를 보내던 이들 부부의 평온했던 삶은 어느 날 안느가 갑자기 치매 증상을 보이기 시작하면서 극적으로 달라진다. 수술 후 휠체어를 타고 집에 돌아온 안느는 수술 후유증으로 한쪽 몸을 못 쓰게 되고, 다시는 병원에 입원시키지 말아달라는 아내와의 약속을 지키기 위해 조르주는 직접 병수발을 시작한다.

나이가 들수록 배우자가 최고

"당신 오늘 유난히 예뻤다고 내가 말했던가?" 영화 초반 제자의 피아노 연주회에 다녀와서 조르주가 안느에게 건네는 말이다. 일상의 소소한 대화는 오랜 세월을 함께한 이들 노부부의 잔잔한 애정을 느끼게 한다. 미국 워싱턴 대학의 토머스 홈스 박사가 개발한 '생활 변화 스트레스 진단표'에 의하면 인간이 겪는 일 중 스트레스 강도가 가장 높은 것은 '배우자의 사망'이라고 한다. 이 외에도 이혼, 별거, 결혼 등 부부간 관계에서 파생되는 이벤트는 다른 일상 경험과는 비할 바 없이 개인의 생활에 큰 영향을 미친다. 자신이 늙어가는 모습을 끝까지 함께 지켜봐줄 배우자의 존

생활 변화 스트레스 지수 점수별 순위(1~20위)

순위	항목	점수	순위	항목	점수
1	배우자 사망	100점	11	가족 구성원의 건강문제	44점
2	이혼	73점	12	임신	40점
3	별거	65점	13	성적인 장애	39점
4	감옥살이	63점	14	새로운 가족 구성원의 증가	39점
5	친척 및 가족의 사망	63점	15	사업의 재적응	39점
6	본인의 부상 또는 질병	53점	16	재정적인 변화	38점
7	결혼	50점	17	친한 친구의 사망	37점
8	해고	47점	18	다른 분야 직업으로 전환	36점
9	별거 후 재결합	45점	19	배우자와의 말다툼 횟수 변화	35점
10	은퇴	45점	20	천만 원 이상 저당이나 채무	31점

자료: Holmes and Rahe
*음영은 배우자 및 가족 관련 항목

재는 본인의 건강을 위해서도 중요하다. 미국 시카고 대학은 결혼한 남녀 부부 모두가 독신일 때보다 더 양호한 건강 상태를 보인다고 발표했다.

은퇴 뒤에는 부부가 함께할 시간이 훨씬 많아지게 된다. 따라서 행복한 노후를 위해서 원만한 부부 관계는 더없이 중요하다. 영화 속 조르주와 안느는 둘 다 음악가로 그려지는데, 공통된 관심사와 취미는 좋은 부부 관계를 유지하는 데 많은 도움이 된다. 안느가 몸이 불편해진 뒤 조르주는 음식과 설거지 같은 집안일을 자연스럽게 도맡아 한다. 평소 조르주가 자주 음식을 해왔을 거라는 짐작을 할 수 있다. 은퇴 뒤 남편이 아내와 가사 노동을 분담하는 것은 지극히 자연스러운 일이다.

감독은 영화의 상당 부분을 조르주가 몸이 불편한 안느를 지극정성으로 간호하는 부분에 할애한다. 미안해하는 아내에게 조르주는 만약 내가 당신 입장이라면 당신도 나처럼 하지 않았겠느냐고 반문한다. 여기서 관객은 '나이가 들수록 결국 챙겨줄 사람은 배우자밖에 없겠다'라는 생각을 갖게 된다. 이 영화 제목이 왜 〈아무르〉인지 알 수 있게 하는 대목이다. 아무르(Amour)는 프랑스어로 '사랑'이란 뜻이다.

안느의 상태는 조르주의 헌신적 간호에도 불구하고 점점 더 악화돼 의사소통도 힘겨운 상황에 이른다. 만약 먼 훗날 사랑하는 배우자가 치매에 걸려 자신을 못 알아보기라도 한다면 어떻게 될까? 2008년 보건복지부의 '치매 유병률 조사 전망'에 따르면, 2013년 65세 이상 노인의 치매 유병률은 약 9.2%로 우리나라 치매 노인 수는 이미 56.5만 명에 달하는 것으로 추정된다. 치매와 관련한 조기검진은 고령화 시대를 살고 있는 우리 모두가 귀담아 들어야 할 내용이다.

웰빙을 넘어 웰다잉으로

웰빙(well-being)이 주목받은 이후 언제부터인가 건강한 생의 마감을 뜻하는 웰다잉(well-dyinig)이 화두가 되고 있다. 모든 사람은 어느 시점에 가서 생을 마감하는 순간이 온다. 통계청의 장례인구추계자료(2010)에 따르면 우리나라의 한 해 사망자 수는 2012년 26.7만 명에서 2030년이면 45.3만 명, 2060년이면 75.1만 명까지 증가할 전망이다. 이에 따라 인구 천 명당 연간 사망자 수도 2012년 5.6명에서 2060년이면 17.1명으로 3배 이상이나 늘게 된다. 이처럼 사망자 수가 급증하게 되는 이유는 베이비부머로 대표되는 인구 구조의 허리 세대가 시차를 두고 사망하기 때문이다.

한 해 75만 명 이상이 사망하게 된다면 앞으로 이 많은 사람들이 어디서 어떠한 형태로 생을 마감하게 될지에 대한 진지한 고민이 필요하다. 지난 세기만 해도 사망자 대부분은 가족들의 도움을 받으며 집에서 임종을 맞았지만, 오늘날은 대다수가 의료기관이나 요양시설에서 임종을 맞는다. 하지만 대부분의 노인은 의료기기에 의지한 채 낯선 병실에서 생을 마감하기보다는 익숙하고 편안한 자신의 집에서 마지막 시기를 보내길 희망할 것이다.

지난 2008년 영국 정부는 심각해지는 고령화에 비해 죽음에 대한 사회적 준비가 부족하다는 문제를 직시하고 전문가 집단을 구성해 생애 말기 치료전략보고서(The End of Life Care Strategy, 2009)를 발표했다. 보고서는 좋은 죽음(Good Death)의 정의에 대해 이렇게 이야기한다. '익숙한 환경에서, 존엄과 존경을 유지한 채, 가족·친구 등 가까운 지인 앞에서, 고통 없이 생을 마감하는 것', 좋은 죽음이란 단어가 어색하게 들리겠지만 한 번 귀담아둘 만한 내용이다.

영화의 내용에서처럼 프랑스는 환자 가족이 원할 경우 어렵지 않게 전문 간병인을 구할 수 있도록 노인 재가 케어시스템이 잘 갖춰져 있다. 하지만 우리나라는 아직 체계화된 인프라가 갖추어져 있지 못하다. 지난 2008년 7월 장기요양보험제도를 도입하여 시행되고 있지만 시설 및 전문 인력의 부재, 재원 조달 및 적용 대상 선정 등 해결해야 할 과제가 많다. 특히 임종을 앞두고 있는 어르신들을 돌봐줄 전문 호스피스는 턱없이 부족한 실정이다. 장례 방식과 관련해서도 화장(火葬)과 자연장(自然葬)이 증가하고 있으나, 매장 비중이 여전히 높다는 사실도 비좁은 국토를 감안하면 짚어봐야 할 문제다.

웰다잉을 위해 준비해야 할 3가지

첫째, 전문가들은 생을 마감하기 전에 유언장을 미리 써두는 것이 좋다고 조언한다. 유언장에는 재산과 관련한 내용뿐 아니라 자신의 삶의 가치와 지혜를 나눠주는 말도 남겨주면 스스로의 삶을 돌아볼 수 있는 기회도 되고, 자녀들에게는 보다 의미 있는 유언이 될 수 있어 좋다. 사전에 작성해둔 정확한 유언장은 자식 간에 있을지 모를 불필요한 재산 다툼도 막을 수 있다.

둘째, 사전의료의향서에 대해 알아두자. 지난 2009년 2월 선종한 고 김수환 추기경은 연명 치료를 거부하고 자연스런 죽음의 과정을 받아들임으로써 존엄한 죽음을 몸소 실천하신 바 있다. 사전의료의향서는 스스로 불필요한 연명 치료를 거부하겠다는 의사의 표시이다. 사전의료의향서가 있는 경우 의료인은 환자의 자기 결정권을 존중하는 의미로 인공호흡기나 인위적 영양 공급 등의 의료 행위를 하지 않게 된다. 2006년 국립암센터 자료에 따르면 '의학적으로 무의미한 생명 연장 치료 중단'에 국민 84%가 동의하는 것으로 조사됐다. 최근 생명 연장 치료를 거부하는

사전의료의향서 양식

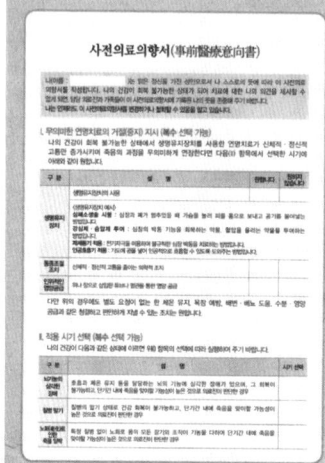
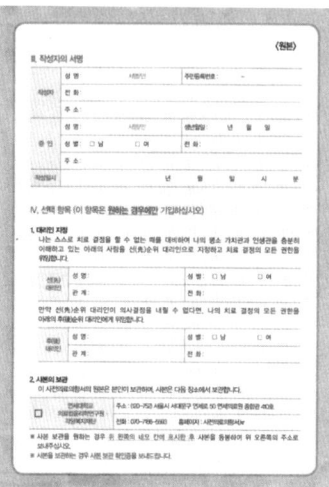

자료: 한국사전의향서보관은행

사람들 중심으로 사전의료의향서 작성자가 꾸준히 늘고 있다.

셋째, 여유가 있다면 상조 및 장례 비용을 미리 챙겨두면 좋다. 갑작스런 임종으로 인한 장례 비용은 가족과 자녀들에게 큰 부담이 된다. 2010년 보건사회연구원이 발간한 자료에 따르면 표준 장례 비용이 약 1,071만 원으로 조사됐다. 하지만 장례 비용은 장사 방식에 따라 보통 2천만 원 이상 소요되는 경우도 많다. 한국소비자원 조사에서도 응답자의 69.5%가 장례 비용 지출에 부담을 느낀다고 답했다. 이때 상조회사에 가입하거나 보험사가 판매하고 있는 상조보험을 들어두면 큰 도움이 된다.

영화가 끝난 후 특이한 점 가운데 하나는 관객들 중 누구도 한참을 일어서지 않았다는 것이다. 배경음악이 거의 없는 이 영화는 까만 바탕의 엔딩 크레딧이 올라가는 동안에도 음악 한 소절 없다. 이는 마치 관객들이 영화관을 나서며 느끼게 되는 먹먹함과도 같다. 스스로 죽음을 생각해보고 미리 임종을 준비해두는 일은 살아 있는 자신을 위해서는 그간의 삶을 돌아볼 소중한 기회이며, 동시에 사후 남아 있는 가족들에게는 작은 위안이 될 것이다.

02

풍요로운 노후의 삶, HELP하라

 귀에 익숙한 감미로운 클래식 명곡들로 첫 장면을 시작하는 영화 〈콰르텟(Quartet)〉. 주요 배경이 되는 '비첨 하우스'는 은퇴한 영국 음악가들이 입주해 사는 일종의 노인 요양시설이다. 일견 부족할 것 없어 보이는 이곳의 운영비는 매년 입주자들이 여는 음악회에서 관람객들에게 후원금을 받아 마련되는데, 최근 재정난을 겪고 있는 것이 문제다.

 은퇴한 음악가들은 비첨 하우스의 후원금을 모으기 위해 멋진 음악회를 준비한다. 한때 최고의 소프라노였지만 이제는 은퇴한 진 호튼을 중심으로 과거 세계적 명성을 날렸던 테너 레지, 베이스 월프, 알토 씨씨가 성악 4중창인 '콰르텟'을 준비한다. 영화 속 은퇴한 음악가들의 애환을 통해 노후생활의 키워드를 살펴보자.

나의 노후, 요양생활일 수 있다

영화 속 주인공들은 비첨 하우스에서 마음이 맞는 음악가들과 함께 연주활동을 하며 불편함 없이 행복한 일상을 보낸다. 무릎이 좋지 않은 월프가 계단 벽면에 설치된 의자식 리프트를 타고 천천히 내려오는 모습은 우아하게 보일 정도다. 하지만 백발이 성성한 이들은 병원으로 실려 나가는 동료를 보며 미래의 자신을 투영하게 된다. 초기 치매 단계인 씨씨는 음악회가 가까워질수록 기억을 잃고 난폭한 행동이 심해지기까지 한다. 하지만 비첨 하우스엔 이런 입주민들을 위한 신속하고 전문적인 간병서비스가 있다. 만약 이들이 자택에서 홀로 지냈다면 받기 어려웠을 서비스다.

영화 속 비첨 하우스와 같은 노후 요양시설의 중요성은 나날이 확대되고 있다. 보건복지부에 따르면 전국의 노인복지생활시설은 2000년 247개에서 2015년 5,101개로 급증했다. 일반적으로 나이가 들면 큰 병이 없더라도 거동이 어려워지는데, 저출산과 자녀 부부의 맞벌이 등으로 과거와 달리 가족의 24시간 수발을 기대하기는 어렵다. 또한 단순한 도움 이상의 전문적인 의료서비스가 필요한 경우도 있다. 이때 요양시설은 유용한 대안이 될 수 있다.

노후에 누구라도 요양시설을 이용할 가능성이 있다면, 노후자금 준비 시 관련 비용도 함께 고려해야 한다. 비용은 시설에 따라 차이가 있지만, 구 노인복지법에 따르는 노인요양시설의 수가는 하루 5만 원 선으로 최소 월 130~150만 원이다. 이때 기초생활수급자나 기타 의료수급권자가 아닌 일반 대상자는 본인부담금 20%이므로, 월 30~40만 원이 필요하다. 여기에 기타 복지용구 및 치료비가 추가되고 최소 몇 개월에서 몇 년을 요양원에서 지낸다고 가정하면, 소득이 끊기는 70대~80대에 매월 지출하기 결코 적잖은 비용이 소요되는 셈이다.

요양이 필요한 사람들을 지원하기 위한 제도로 '장기요양등급

감경 대상자의 본인일부부담금 부담 비율

구분	장기요양급여 비용		의사소견서 발급 비용	방문간호 발급 비용
소득·재산 등이 일정 금액 이하인 자	재가급여	본인 7.5% 공단 92.5%	본인 10% 공단 90%	본인 10% 공단 90%
	시설급여	본인 10% 공단 90%		

장기요양 인정점수 구간별 장기요양 인정등급

제도'를 들 수 있다. 국민건강보험공단에 장기요양인정을 신청하면 인정등급에 따라 노인장기요양보험의 급여를 지원받을 수 있다. 다만 요양시설 입소 시 발생경비의 최대 80%까지만 지원이 되므로, 본인부담금 20% 및 식대 등 추가 비용이 발생한다. 소득과 재산이 일정수준 이하라면 본인일부부담금을 감경하고 있으므로 노인장기요양보험 홈페이지(www.longtermcare.or.kr) 및 지역시설에 문의하여 활용하는 것이 좋다.

충분히 행복할 수 있는 노후

"이제 늙어서 예전 같지 않아, 더 이상 우리의 노래는 영예가 아니라 소음이야!"

과거의 톱스타 소프라노 진 호튼은 함께 콰르텟을 구성하자는 권유에 크게 화를 낸다. 그러나 그녀의 고집은 전성기가 지난 자신이 비평가들 앞에서 노래를 망칠까봐 두려워하는 마음에서 비롯된 것이었다. 비첨 하우스에 입주하기 위해 집에서 자신의 짐을 꾸리던 진 호튼의 쓸쓸한 뒷모습은 노후를 두려워하는 은퇴자들의 마음을 대변하는 듯하다. 그러나 노후는 무조건 우울하고 쓸쓸한 것이 아니라 충분히 행복할 수 있는 기간이다. 다만 노후를 더욱 행복하게 보내기 위해 준비할 것이 있는데, 바로 'HELP'다.

첫째, 사람(Human)이다. 은퇴자들은 지난 수십 년간 종사했던 일을 그만두면서 갑자기 직장에 대한 소속감을 잃고 노후의 가장 큰 정신적 고통인 외로움에 빠질 수 있다. 긴 노후의 동반자인 배우자를 필두로 가족과의 관계를 미리부터 돈독히 할 필요가 있으며, 새로운 네트워크를 찾아 관계를 유지해야 외로움을 떨칠 수 있다.

둘째, 건강(Energy)이다. 건강하지 못하면 모든 것을 가졌어도 누워서만 지내야 하기 때문이다. 나이가 들면서 자연스럽게 건강은 악화될 수밖에 없지만, 1년이라도 일찍 건강을 관리하면 삶의 에너지가 넘치는 건강수명을 연장할 수 있다.

셋째, 취미(Leisure)다. 영화를 보던 관객들이 부러워할 정도로 영화 속 음악가들의 표정이 행복해보인 것은 그들이 음악이라는 공통적인 취미를 갖고 꾸준히 즐겼기 때문이다. 특히 주인공들에게 음악은 은퇴 전의 경력을 살려 소득을 벌면서도 건강하다면 평생 할 수 있는 좋은 취미였다. 누구나 이런 취미를 갖는 것은 쉽지 않겠지만, 노후까지 즐길 수 있는 취미 한두 개를 은퇴 전부터 배워보는 것은 노후를 풍요롭게 만드는 비법이 될 것이다.

마지막으로, 자산(Property)이 뒷받침되어야 한다. 경제적인 측면에서 은퇴 후 가장 큰 변화는 그동안 꾸준히 들어왔던 소득이 중단되는 것이다. 가능하다면 충분한 노후자금을 은퇴 전에 준비하는 것이 가장 좋겠지만, 준비가 부족하다면 재취업을 준비하거나 다른 지출을 줄여야 할 것이다.

03
자녀에게 들려주는 은퇴와 상속의 기술

영화 〈권순분 여사 납치사건〉 속 유명한 국밥집을 운영하는 권순분 여사는 큰돈을 벌었지만 정작 모아 놓은 돈은 거의 없었다. 미리 자식들에게 다 나누어주었기 때문이다. 그런데 자식들은 자산을 분배받고 나자 어머니의 안부는 안중에도 없고 그 돈을 흥청망청 써대기에 바빴다. 어느 날 좀도둑이 권순분 여사를 납치하고 이에 권순분 여사는 자식에게 빼앗긴 500억 원을 되찾기 위해 납치범들과 공모를 하게 된다. 영화 〈권순분 여사 납치사건〉을 통해 며느리에게도 알려주지 않는 은퇴상속의 기술을 알아보자.

눈물 나는 '부양계약서' 부모 사랑을 담아라

'74세인 김씨 할아버지는 자신에게 하나뿐인 아들에게 자신을 부양해줄 것을 조건으로 자신의 소유 토지를 증여하고 소유권 이전등기를 해주었다. 그런데 그 후 아들이 자신을 부양하지 않자 토지를 되돌려달라며 아들을 상대로 소송을 냈다.'

최근 이와 같은 불효소송이 늘어나고 있다. 영화에서도 권순분 여사는 국밥 하나로 자식들을 남부럽지 않게 키웠다. 하지만 재산을 분배받은 자식들에게 어머니는 늘 뒷전이다. 증여는 무상계약이므로 증여를 받는 수증자가 어떤 의무를 부담하지 않는 것이 원칙이다. 하지만 증여계약에서는 수증자가 일정한 부담을 지는 것으로 약정할 수 있다. 이것이 바로 조건부증여다. 자식에게 아낌없이 주는 것에 무슨 조건이 필요할까 하겠지만 재산을 증여하자니 증여세 부담도 걱정이고 자녀의 사치와 나태, 불효 등에 대한 불안감이 부모들의 마음을 편치 못하게 한다. 특히 자녀들 간 재산 분쟁, 배우자의 여생에 대한 경제적 우려도 있어 최근 조건부증여에 대한 관심이 높아지고 있다. 조건부증여에서 부양계약서는 부모와 자식을 위해서라도 꼼꼼히 챙겨야 한다.

품 떠난 자식을 돌아오게 하는 것은 '부모의 경제력'

하루는 은퇴 준비 강연이 끝나고 60대 초반의 수강생이 공동 명의로 되어 있는 부동산을 아내에게 이전해주고 싶다고 말했다. 단순한 절세 목적 차원이 아닌 것 같았다. 그는 부동산 이전이 자신보다 10여 년 이상 홀로 살아갈 배우자에 대한 배려이자, 경제력이 있어야 자식도 찾아올 것이라며 깊은 속내를 얘기했다.

"자녀에게 줄 수 있으면 빨리 줘라." 하는 말이 있지만, 단순한 절세 측면만 고려할 경우 낭패를 겪는 경우가 종종 있다. 영화 속 얘기지만 납치된 권순분 여사의 몸값으로 얼마를 납치범들에게 보내줘야 하는가에 대해 자녀들이 고민하는 장면에서 권순분 여사는 우울함을 느끼게 된다. 100세 시대에 부모 품을 떠난 자식이 돌아오는 이유는 부모의 경제력일 수 있음을 간과하지 말아야 할 것이다.

자식에게 최고의 유산은 3W 시스템

한 산부인과 전문의로부터 미성년자인 자녀에게 상가를 증여해주려는 계획을 들은 적이 있다. 나름 황금거위(자산)를 미리 넘겨주고 싶은 마음에서다. 생전에는 부모가 임대관리 등을 해줄 수 있겠지만 사후에 자녀들이 물려준 재산을 잘 관리할 수 있을지는 고민이 된다. 또한 황금거위가 제대로 알을 낳지 못한다면 어떻게 될까? 영화 마지막 장면에서 권순분 여사는 함께 자식들을 깨우치게 하기 위해 공모한 납치범들에게 몸값 500억 원 대신 5천만 원과 '국밥 비법책'을 넘겨준다. 고기를 잡아서 주기보다는 평생 안정적인 현금흐름을 가져다주는 국밥 비법을 주려는 권순분 여사의 깊은 마음이 엿보이는 대목이다.

자녀에게는 현금자산을 직접 주기보다는 정해진 시기(When)에 정해진 금액(What)을 정해진 기간(Whlie)동안 안정적으로 지급되는 자산을 만들어주는 지혜가 필요하다.

안전한 '부의 이전(Wealth Transfer)' 노하우

2012년 신탁법 개정에 따라 '유언대용신탁'은 고객이 생전에 신탁회사에 재산을 위탁하면서 자신을 수익자로 지정하고 사후에는 배우자, 자녀 등을 수익자로 지정하는 제도이다. 생전에는 보유 자산에 대한 권리를 유지하고, 사후에는 상속재산을 원하는 방향으로 분배할 수 있는 것이다. 최근 잇

> **tip**
> - 자식에게 최고의 유산은 고기를 잡는 법을 가르치는 것이다
> - 노후에 안정적인 3W 시스템을 갖추어라

따른 부모와 자식 간의 증여 후에 발생하는 부모 부양문제로 인한 소송 등 관련분쟁의 소지를 줄이고 안전하게 부의 이전(Wealth Transfer)을 하고자 하는 부모에게 유언대용신탁은 고려해볼 만한 상품이라 할 수 있다.

04

5F로
후회 없는
인생을

〈엔딩노트〉는 일본에서 만든 리얼 다큐멘터리 영화다. 주인공은 직장에서 은퇴한 스나다 도모아키로, 전형적인 일본산업의 주역이었고 이를 늘 자랑하는 자신감 넘치는 인생을 살아온 사람이다. 그는 40여 년의 긴 샐러리맨 인생을 마치고 은퇴한 후 제2의 인생을 준비하려 하지만, 건강검진을 통해 말기 암 판정을 받는다. 주인공은 남은 시간 동안 가족을 위해 무엇을 할 수 있을까 고민하게 된다. 영화 〈엔딩노트〉를 통해 은퇴 전 제2의 인생을 준비하면서 고려해야 할 은퇴 준비 키워드를 함께 살펴보기로 하자.

Fitness, 만만디 간(肝)처럼 살지 말자

'침묵의 장기'라고 불리는 간(肝)은 이상이 있음을 알아차렸을 때는 이미 회복할 수 없는 경우가 많다고 한다. 영화 주인공의 경우가 그렇다. 결혼을 하고, 자녀를 얻고, 부부싸움도 하고, 젊음을 바친 후 회사에서 은퇴를 하니 그의 건강에 이미 적신호가 켜진 것이다. 외국인에게도 익숙한 '빨리빨리', 외국 사전에도 실릴 정도이니 '빨리빨리' 문화는 이미 세계화 수준이고 고령화 속도 또한 '빨리빨리' 진행되고 있지만 정작 은퇴 준비와 건강관리는 침묵의 간(肝)처럼 만만디다. 조금씩 꾸준히 은퇴 준비를 하는 적소성대(積小成大)의 마음으로 자신의 건강도 조금씩 미리 닦고 기름칠 준비를 해야 하지 않을까?

Finance, 은퇴 後 경제적 자립 필요

우리나라 남성의 기대수명은 79.0세, 여성은 85.5세다. 결혼한 남성과 여성의 나이차 3~5세를 감안하면 여성의 경우 남편이 사망한 후에도 10년 정도를 홀로 살아야 한다. 이 기간을 대책 없이 무심코 보낸다면 본인뿐만 아니라 자녀들에게도 부담으로 작용할 수밖에 없다. 영화에서 주인공은 평생 모은 재산이 부동산과 예금, 연금 조금 정도라고 얘기한다. 주인공은 재산 중 집은 아내에게 줄 것을 자녀들에게 부탁하지만 아직 막내딸의 결혼이라는 숙제를 남겨둔 채 떠나는 부모 마음이 어땠을까? 요즈음 형제들 간에 많지 않은 재산으로 다툼과 분쟁이 생기는 것을 종종 보게 된다. 지혜로운 부모는 본인의 경제적 자립은 물론 고기를 잡아서 주기보다는 자녀들에게 잡는 방법을 가르쳐주는 현명함이 필요하다.

Field, '이닝이터(Inning Eater)'가 필요하다

〈엔딩노트〉의 주인공은 40년을 직장에서 일했다. 이처럼 오랫동안 일을 할 수 있는 사람이 몇이나 될까? 은퇴와 관련해서 최근 '평생 현역(Whole life working)'이라는 말을 자주 듣게 되는데 직장에서 정년을 채우지 못하는 위기의식에서 나온 말이다. 우리나라는 평균 은퇴연령이 53세 전후이고 공적연금 수급 연령이 현재 65세(69년생 이후)인 점을 감안할 때 소득 없이 지내야 하는 '소득절벽' 구간이 약 10년 이상 발생하게 된다. 단순히 은퇴자금이 부족해서 일을 하는 것이 아니다. 자기의 전문성을 키워 은퇴 후에도 건강하고 활기찬 노후를 맞이하고 싶은 이유에서 하는 경우도 많다. '전문성은 늙지 않는다'라는 말이 있고 선발투수가 6~7회는 막아줘야 하는 것처럼 60~70세까지 일할 수 있는 '이닝이터(inning eater)'가 되어야 한다.

Fun, 은퇴! 인정(認定), 열정(熱情), 긍정(肯定)으로 준비

은퇴 관련 뉴스는 밝은 면보다는 어두운 면, 우울한 면이 훨씬 더 많은 것 같다. '슬픈 노년', '은퇴 대란', '노인 빈곤율', '하우스 푸어' 등 쏟아지는 은퇴 이야기는 잠재적 은퇴자들에게 공포를 조성하고 있다. 하지만 정말 은퇴가 두렵고 공포스럽기만 할까? 영화에서는 암 말기 판정을 받고 절망과 좌절을 할 것 같았던 주인공은 가족을 위해 남은 시간 동안 무엇을 할까 고민하면서 오히려 그간 느끼지 못했던 재미와 감동을 선물한다. 자신이 처한 현실을 인정하고, 현재 하고 있는 일에 충실하며 은퇴가 두려움이 아닌 희망이 될 수 있도록 긍정적인 삶의 자세를 유지하는 것이 지금 우리에게 필요하다.

Friends, 결국 사람이다

은퇴하고 나면 대부분 친구와 네트워크가 줄어드는 경험을 하게 된다고 한다. 직장을 떠나면서 만나는 사람도, 갈 곳도 줄어들기 때문이다. 사람이 나이가 들어가면서 정서적으로 겪는 고통 중에 가장 큰 것이 바로 '외로움'이라고 하는데 그럴 때 자연스럽게 지낼 수 있는 친구가 있다면 은퇴 후 정말 소중한 자산이 될 것이다. 독이불고(獨而不孤), '혼자이지만 외롭지 않다'는 뜻이다. 평균수명이 길어지면서 은퇴라는 긴 여행을 떠날 때 배우자와 더불어 좋은 친구와 함께한다면 지루하지 않은 여행이 될 것이다. 지금까지 네트워크의 유형이 하이테크형-일(work) 중심이었다면 이제 은퇴 후의 네트워크는 나와 배우자 그리고 자녀가 함께할 수 있는 가족 중심으로 바뀌어야 할 것이다. 은퇴 후에는 지금보다 더 많은 시간을 보내야 하기 때문이다.

05 떠나는 모습도 아름답게

소득 수준의 향상과 의료기술의 발달로 이제 우리는 과거 세대와는 비교할 수 없을 정도로 많은 것을 누리는 100세 시대를 살고 있다. 그럼에도 불구하고 죽음은 누구도 피할 수 없는 삶의 한 부분이다. 우리 조상들은 제 명대로 살다 편히 죽는다는 의미의 '고종명(考終命)'을 5복(伍福) 가운데 하나로 치고 있다. 또한 "예부터 유교에서는 상례(喪禮)를 인간으로서 지켜야 할 최고의 예로 여겨왔으며, 이를 어기면 금수와 다를 바 없다."고 할 정도로 상례를 중요시해온 것이 우리의 전통이다.

최근까지만 해도 우리는 웰빙, 즉 잘 사는 것에 대해 이야기해 왔지만 100세 시대를 맞아 이제는 웰빙을 넘어 웰다잉에 대한 관심이 커지고 있다. 웰다잉에 대한 명확한 정의는 내려져 있지 않지만 일반적으로는 준비된 죽음, 건강한 생의 마감을 의미한다. 즉, 갑자기 당하는 죽음이 아니라 미리 정리하고 계획하는 가운데 죽음 또한 후회 없는 삶의 자연스러운 과정으로 받아들이자는 취지로 이러한 관심이 확산되고 있는 것이다.

　〈염쟁이 유씨〉는 집안 대대로 염을 업으로 삼아온 유씨가 그의 마지막 염을 취재하러 온 기자에게 지난 30년간 염을 하며 겪어온 경험을 이야기로 풀어낸 일인극 방식의 연극이다. '염장이'란 죽은 사람의 몸을 씻기고 옷을 입힌 뒤 베로 묶는 입관 전 절차인 염습(殮襲)을 직업으로 하는 사람을 말한다. 주인공은 염습의 전체 과정을 차례로 보여주면서 관객을 극의 일부에 참여시킴으로 자연스럽게 한국 전통의 장례의식을 체험하도록 유도한다.

　"사람은 누구나 한번은 죽어. 그런디 죽어 땅에만 묻히고 살아남은 사람 가슴에 묻히지 못하면, 그게 진짜로 죽는 계여. 한 시절을 살면서 세월과 사람을 어떻게 맞이하고 어떻게 보내느냐에 따라 그 사람의 인생이 만들어지는 것인겨." 죽음이란 무거운 주제를 시종일관 유쾌하게 다루는 이 모노드라마에서 주인공 유씨가 툭툭 던지는 대사는 관객에게 적지 않은 무게로 다가온다. 관객이 그의 이야기에 집중하게 될 수밖에 없는 이유다.

누구나 맞는 죽음, 진화된 종신보험으로 대비

'개똥밭에 굴러도 이승이 좋다'란 말처럼 누구나 본능적으로 죽음에 대해서는 터부시하는 경향이 있다. 매일 TV에 나오던 유명 연예인이나 정치인의 타계 소식을 접할 때도 우리는 먼 남의 일처럼 느끼곤 한다. 하지만 유씨의 말처럼 이 세상에서 죽는 것만큼 확실하게 정해진 것도 없다. 죽음은 누구도 피할 수 없는 삶의 과정이지만 준비 없이 갑작스럽게 겪게 되는 가족 구성원의 죽음은 남은 가족들에게 큰 슬픔은 물론 경제적 고통도 함께 가져다 준다. 특히 가계경제를 책임지는 가장의 갑작스런 사망은 종종 가족 해체로까지 이어지기도 한다. 이처럼 만에 하나 불상사가 나에게 일어날 수도 있기 때문에 가입하는 것이 종신보험이다.

요즘 종신보험은 자녀가 성인이 되는 시기까지 일정 기간만을 담보로 하는 정기보험 중심으로 수요가 늘고 있다. 꼭 필요한 기간만 종신 기능을 유지함으로써 보험료를 아낄 수 있는 것이다. 또 일정 기간 이후에는 연금으로 전환해 은퇴자금으로 활용 가능한 상품들이 출시되고 있다. 이런 상품을 활용하면 사망 대비와 노후 대비가 동시에 가능하다.

번거로운 장례, 상조서비스 또는 상조보험으로 해결

경제적인 여유가 된다면 상조·장례 비용을 미리 챙겨두면 좋다. 장례 비용을 미래 준비해두기 위해서는 상조회사서비스에 가입하거나 보험사가 판매하는 상조보험을 구입하는 방법이 있다. 상조회사에 가입하는 상조서비스는 가입에 제한이 없고, 도중에 계약 양도가 가능하다는 장점이 있다. 최근 업체들이 대형화되면서 서비스 수준이 높아지고 계약자 보호도 강화되는 추세에 있다. 상조보험은 수의와 관, 장의 차량과 같은 장례용품 현물서비스를 갖춘 보험으로 일부 상품은 일반상해 입원비 지급과 연계해

상조보험과 상조서비스의 비교

구분	상조보험	상조서비스
사업 주체	보험회사	상조회사
법적 근거 및 사업자 규제	상법(보험법), 보험입법	할부거래법
감독 기관	금융위원회/금융감독원	공정거래위원회
서비스 제공 방식	담보된 위험에 따라 약정된 보험금 지급(현물지급 보험도 있음)	장례물품 및 서비스를 현물로 지급
보험료 또는 회비	사망과 동시에 보험료 납입 종료 (사망 시점에 따라 납입 금액이 다름)	사망 후에도 잔액 납부해야 함 (완납)(사망 시점과 관계없이 납입 금액 동일)
피보험자	피보험자 지정	피보험자 지정 불필요
서비스 기간	약정에 따른 보장 기간에만 가능	회원가입 후 항상
타인 양도	양도 불가능	양도가능
가입 제한	연령, 병력, 직업에 따라 가입 제한 있음	제한 없음
파산 시 계약자 보호	예금자보호법에 따라 5천만 원 한도 보호	보험계약, 채무지급보증계약, 예치계약, 공제계약

운영되기도 한다. 상조보험은 양도는 불가능하지만 상조서비스와 달리 사망과 동시에 보험료 납입이 종료되는 장점이 있다. 두 가지 방법 모두 장·단점이 있으므로 본인의 상황에 맞는 상품과 서비스를 선택하면 된다.

상속 분쟁, '유언대용신탁'을 활용하라

〈염쟁이 유씨〉의 후반부에 세 남매가 아버지 장례식장에서 유산을 놓고 양보 없는 설전을 벌이는 장면이 나온다. 자식들은 치매를 겪는 아버지가 유언장을 삼키고 돌아가셨다는 말에 입관까지 마친 시신을 열어봐야 한다고 주장하면서 다툰다. 다소 과장된 설정이긴 하지만 적지 않게 발생하는 자식 간 재산 분쟁의 한 단면이다.

민법에 따르면 유언은 자필증서, 녹음, 공정증서, 비밀증서와 구수증서 등 5가지 방식으로 할 수 있다. 유언장에 해당하는 자필증서는 유언자가 그 전문과 연월일, 주소, 성명을 자서하고 날인해야 한다. 이 중 하나라도 누락하면 유언으로서 효력을 잃게 되므로 상속 유언처럼 이해관계가 포함된 유언은 공증을 받아두는 것이 좋다.

최근 신탁법이 개정되면서 금융상품 계약만으로도 유언장을 대신할 수 있는 '유언대용신탁'이 속속 출시되고 있다. 유언대용신탁은 생전에 신탁회사에 재산을 위탁해 자신을 수익자로 지정하고, 사후에는 본인이 지정한 사람을 수익자로 정해 재산 분배가 가능하도록 한 상품이다. 유언만으로 대신하기 어려운 다양한 종류의 재산 상속 분배가 가능하고, 상담 과정에서 금융회사가 제공하는 세무, 부동산, 법률 전문가들의 컨설팅을 받을 수 있다는 점도 이 상품의 장점이다. 유언대용신탁은 보험과 은행, 증권사 중 신탁업 인가를 받은 금융회사를 중심으로 가입할 수 있다.

마지막으로 염쟁이 유씨는 "사는 것만큼 죽는 것도 계획과 목표가 있어야 한다."라고 설파한다. "사람의 음식 솜씨는 상차림에서 알 수 있지만 진짜 됨됨이는 깨끗한 설거지에 나타난다."는 그의 대사처럼 뒷모습이 아름다운 건강한 죽음에 미리 대비하는 것도 행복한 노후를 보내는 한 방법이 되지 않을까?

'유언대용신탁'과 '민법상 유언'의 차이

구분	유언대용신탁	민법상 유언
형식	금융기관을 통한 신탁계약	자필증서, 녹음, 공증, 비밀증서, 구수증서
재산관리	살아 있을 때부터 자산관리 가능 생존 중에는 본인이 수익 확보 사후까지 계속 자산관리 가능	유언자 사망 후 집행
상속 과정	계약을 통해 상속인, 지급 시기, 지급 비중 등 설계 가능 2대, 3대 등 연속 상속도 가능	최초 상속인 지정만 가능 상속인이 숨지면 불가

· 스마트 은퇴스토리 ·
축복받는 장수를 위한 3가지 조건'

동서고금을 막론하고 인간의 행복에 대한 기준은 건강하게 오래 살고, 돈 많이 벌고, 명예와 권력을 누리는 것이 아닐까? 조선 시대에는 이러한 행복의 기준을 '오복(伍福)'에 담고 있다. 오복이란 수(壽), 부(富), 강녕(康寧), 유호덕(攸好德), 고종명(考終命)으로, 수는 오래 사는 복을, 부는 부유함을 나타내고 강녕은 큰 우환 없이 살고, 유호덕은 덕을 즐기며, 고종명은 주어진 명을 다하고 편안하게 숨을 거두는 것이라고 한다. 오복 가운데 수를 제일 먼저 내세우듯이 시대를 넘어 오래 사는 것이야말로 큰 복 중의 하나로 여겨지고 있다. 최근에 100세 시대라는 말이 매스컴에 자주 등장하면서 실제로 우리 주변에서도 90세, 100세를 넘긴 어르신들을 어렵지 않게 만날 수 있다. 그러나 무조건 오래 사는 장수만이 능사가 아니다. 정말 축복받고 건강한 장수의 삶을 위한 3가지 조건을 찾아보도록 하자.

수명은 '양'보다 '질'이다

조선왕조 500여 년 동안 모두 27명의 왕의 평균수명은 46.1세로 비교적 짧은 편이었다. 실제로 회갑을 넘긴 임금은 태조(74세), 2대 정종(63세), 15대 광해(67세), 21대 영조(83세), 26대 고종(68세) 등 5명뿐이다. 대부분 왕들의 경우는 단명한 경우도 적지 않았다. 특히 50세를 넘긴 왕들이 대부분 고혈압, 심근경색, 동맥경화, 당뇨병을 앓았다는 기록이 전해지고 있다. 이는 오늘날 성인병에 해당된다고 할 수 있을 것이다. 아마도 새벽부터 시작하는 과도한 업무와 스트레스, 부족한 운동량, 고칼로리의 밥상 등이 이러한 성인병을 유발했을 가능성이 높다. 최장수 임금이었던 영조가 다른 왕과 비교해서 큰 질병 없이 장수했던 이유는 아마도 고량진미(膏粱珍味)의 수라상 대신 소박한 밥상과 소식(小食)을 했기 때문이 아닐까? 머지않은 100세 시대는 결국 건강기대수명을 늘려 생애후반까지 건강하고 행복하게 보내는 것이 과제라 할 수 있을 것이다.

보장 기간과 보장 범위를 늘려라

우리나라의 최빈사망연령은 이미 85세를 넘어섰고, 이 추세라면 2020년경 90세에 달할 것이라는 전망이 나오고 있다. 이처럼 최빈사망연령이 늘어나는 점을 감안하면 결국 장수시대에 노후생활 중 병치레 기간은 점점 늘어날 수밖에 없다. 통계청(2013)에 따르면 60세 이상 고령자들은 경제적인 어려움(38.6%)과 건강문제(35.5%)를 가장 큰 고민으로 느끼고 있는데, 특히 최근 발병률이 상승하고 있는 치매를 노후의 가장 두려운 질병으로 꼽고 있다. 앞으로 10년 후 그러니까 2025년에는 치매 환자가 현재 약 54만 명에서 100만 명으로 늘어날 것으로 예상하고 있어 건강수명에서 최빈사망연령까지 축복받은 장수를 위해 가입된 보험의 보장 기간과 보장 범위를 다시 한 번 재점검해봐야 할 것이다.

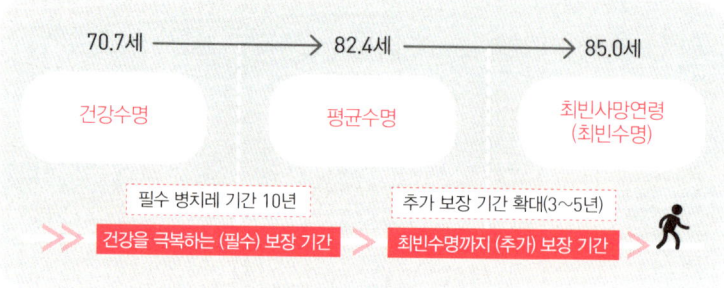

장수 시대 老老상속, 3G로 극복하라

"3G(3세대)? 이동통신 얘기 아냐? 요즘 4G가 대세인데 은퇴설계에 웬 3G?" 3G 은퇴설계라고 할 때 들을 수 있는 대체적 반응이다. 지금까지 일반적인 은퇴설계는 나와 배우자의 노후생활비에 집중된 은퇴설계를 고려한 1G(1세대) 접근이 대부분이었기 때문이다. 하지만 저출산과 초고령화가 현실화되고 있지만 반면에 능력 있는 조부모 세대가 등장하면서 부모와 자식에 이르는 3세대(3G)를 함께 고려한 실질적인 은퇴설계가 등장하고 있다. 하지만 장수사회로 갈수록 老老상속에 대한 고민도 깊어간다. 노인이 사망하면 노인이 가지고 있던 재산을 젊은이가 아닌 '노인자식'에게 물려준다는 말인 것이다. 하지만 고도 성장기에 재력을 축적한 장수 조부모가 '노인자식'이 아닌 손주들에게 미리 재산을 넘겨줄 경우 대략 40% 정도는 절세가 가능하다.

또한 식스포켓(1990년대에 일본에서 등장한 용어로, 6개의 주머니라는 뜻으로 한 자녀를 위한 돈이 부모, 친조부모, 외조부모 등 6명의 주머니로부터 나온다는 의미에서 유래된 말)의 등장으로 손주들의 장래를 미리 설계해주는 새로운 3G형 재테크가 주목을 끌고 있다. 이는 조부모들이 풍부한 자산을 젊은 세대로 이전시켜 증여·상속세에 대한 절세 효과를 거두고 자녀 세대들은 가계

3억 원짜리 아파트를 증여할 때 세금 비교

80대 조부가 손주에게 직접증여(세대생략증여)	증여세 세율 1억 원 이하: 10% 1~5억: 20% **40% 절세!**	80대 조부…아버지… 손주에게 증여(일반증여)
• 과세표준 25,000만 원 　(성인손자 5,000만 원) • 증여세: 4,000만 원 　(25,000만 원X20%- 　1,000만 원) • 세대생략 할증: 1,200만 원 　(4,000만 원X30%)		• 증여세: 　할아버지…아버지 　=4,000만 원 　아버지…아들 　=4,000만 원
3억 원X4%=1,200만 원	취등록세: 4%	• 할아버지…아버지: 1,200만 원 • 아버지…아들: 1,200만 원
6,400만 원	세금 합계	10,400만 원

교육비 부담 등을 줄일 수 있기 때문이다. 특히 한화생명의 '3G 하나로 유언대용신탁'은 다양한 고객의 요구를 반영하여 개개인의 상황에 맞는 자산운용, 노후설계와 배우자나 자녀에게 재산승계는 물론 기부도 가능한 상품으로 노후 준비를 할 때 단순히 나 자신만 따질 게 아니라 부모와 자식의 생애까지 3세대(3Generation)를 동시에 고려할 수 있는 상품이다.

장수(長壽)는 조선시대의 오복(伍福) 중 하나였다. 부귀영화를 누린다 해도 이 세상을 떠나면 헛된 것이다. 유행처럼 번지는 '꽃보다 할배'의 삶도 중요하지만 '노년다운 노년'의 모습 속에서 가족을 배려하고, 베푸는 삶을 실천하는 것이 장수 시대에 건강 유지는 물론 노후의 삶을 좀 더 윤택하게 해주는 방법일 것이다.